모던걸,
여우 목도리를 버려라

근대적 패션의 풍경

차례
Contents

외양의 근대, 근대적 외양

    죽음 앞에서도 꺾이지 않는 곧은 절개를 표면적 주제로 한 「춘향전」은 남녀의 사랑을 다룬 이야기이다. 기생 춘향과 양반 이도령의 사랑은 신분의 장벽을 뛰어넘어 낭만적인 사랑의 승리를 그리면서, 근대적 인간, 자유로운 개인과 사랑을 통한 결합의 절대성, 근대 사회의 개인이 가져야 할 윤리와 자율성, 신분 및 개인의 차이 등의 문제를 제기하고, 민중의 폭발적인 호응을 얻는다. 그리하여 「춘향전」의 낭만적인 사랑의 이미지는 오늘날까지 이어지고 있다.

    근대인의 자율성과 개성의 각인은 패션과 함께 한다. 오월 단옷날 광한루에서 이도령의 시선을 강렬하게 사로잡은 것은 사실 춘향의 미모가 아니라, 그네 뛰는 춘향의 자태와 차림새

였을 것이다.

> 넌짓 바라보이 옥태화용 한 미인이 추천을 띄랴 흐고 장
> 장채승 놉푼 줄을 벽도화상 놉푼 가지 휘휘 친친 감어 매고
> 초록상질 웃져고리 다홍대단 홋단초매 척척 버셔 암상의 더
> 져 두고 셤셤옥슈 두 손질노 양 줄을 갈너 잡고 백능버션
> 두 발질노 셥푼 올나 발 구를 제 한 번 굴너 두 번 굴너 반
> 공의 소소올나 눈만도화 놉푼 가지 발질노 희롱헐 졔 구름
> 갓치 따혼 머리 셜셜 졀노 푸러지이(춘향전, 완판 26장본,
> 설성경 편, 춘향예술사자료 총서1, 국학자료원, p.28).

광한루에 오른 이도령은 그네를 뛰는 춘향의 모습에 현혹
된다. 둘 사이의 거리를 감안한다면, 이도령이 춘향의 미모를
자세히 보았을 리 없다. 그가 본 것은 춘향이 벗어던진 옷가지
와 그네 뛰는 아름다운 자태였을 것이다. 즉, 이도령은 춘향의
초록저고리와 다홍치마의 색채에 사로잡히고, 그녀의 흩날리
는 긴 머리카락에 현혹된 것이다. 매혹의 근원인 색채의 현란
함과 자태의 아름다움은 젊은 이도령을 괴롭히는 갈등의 원인
이 된다. 덕성이 아니라 자태에 먼저 매혹되고, 절개는 부차적
으로 삽입된다. 만약 그네를 뛰는 춘향이 초록 저고리와 다홍
치마를 벗어던지지 않았고, 구름같이 많은 머리를 가지지 않
았다면 매혹은 일어나지 않았을 지도 모른다. 여성의 자태에
대한 호기심이 신분의 질서를 뛰어넘어 제출되고, 그 욕망의

절대성이 다른 요인을 돌아보지 못하게 하는 상황, 이것이 바로 근대를 지배한 낭만적인 사랑의 새로운 질서이다.

외양과 관련하여 신소설에서 자주 다루어지는 남장여인(男裝女人)의 모티프를 살펴보자. 이해조의 「빈상설」은 평양집이라는 첩에 빠진 남편에게 학대받는 본처 이씨부인의 이야기를 다루고 있다. 이씨부인은 평양집의 음모로 정절을 잃을 위기에 처하는데, 쌍둥이 남동생 승학과 옷을 바꿔 입어 간신히 위기를 모면한다. 승학은 머리를 쪽지고, 눈썹까지 그려 누이로 변장하는데, 그 변장이 얼마나 감쪽같은지 가까이에서 부인을 모시던 하인들마저 눈치 채지 못할 정도이다. 한편 이씨부인은 남장을 한 채 인천으로 향하는데, 아무도 부인의 성별이나 신분을 의심하지 않는다.

신소설에서 남장은 흔한 소재로서, 사대부집 규방에서 고이 자란 여주인공들이 악인의 모함을 받아 가출을 결행할 때, 온갖 어려움과 위험을 피하기 위해 선택된다. 그런데 한 가지 특이한 점은 주변 사람들이 남장여인을 '깨끗한 미남자'로 대할 뿐, 결코 여성으로 의심하는 일이 없다는 것이다. 남장여인에 대한 최초의 의심은 이광수의 「무정」에서 찾아볼 수 있다. 「무정」에서 영채라는 여인은 남장을 하고 박해받던 외가를 벗어나는데, 주막에서 만난 무지막지한 사람들에 의해 옷이 벗겨지면서 남장여성이라는 사실이 폭로되고 만다. 이후 가출하는 여성들은 남장을 포기한다. 남장을 한다 해도 여성이라는 사실을 감출 수 없게 되었기 때문이다.

외양에 대한 또 다른 이야기로 이번에는 방인근의 장편(掌篇)소설 「모뽀·모껄」(『신동아』, 1932.5)의 예를 살펴보자. 모던 보이 M은 시골에 있는 아내가 보기 싫어 결혼한 이후 다섯 해 동안이나 한 번도 집에 가보지 않았다. 그러던 중 아내가 친정으로 갔다는 소식을 듣고, M은 친구 R에게 부탁하여 젊은 여학생을 소개받는다. M은 진고개 어느 조용한 식당에서 여학생 H를 만나는데, 그녀의 짧은 치마, 비단 양말, 핸드백, 칠피 구두, 전기로 지진 곱슬거리는 트레머리에 반하여, 곧 결혼을 하게 된다. 그런데 첫날밤에 H가 난데없이 쪽진 머리와 무명옷 차림으로 M에게 자신의 정체를 고백한다. 사실 그녀는 M의 예전 아내였던 것이다. 남편이 여학생을 좋아한다는 소문을 듣고 서울로 와서 4년 동안 공부를 한 뒤, R 내외의 도움을 받아 연극을 꾸민 것이다. 이 이야기에서 확인할 수 있는 것처럼, 구식 여인과 신식 여인 사이에는 비록 동일인물일지라도 도저히 같은 존재로 인식할 수 없는 확연한 구분의 논리가 존재한다. 외양이 절대시되는 형태, 옷차림과 장신구, 머리스타일의 차이가 곧 존재의 차이를 결정 짓게 된 것이다.

전통 사회에서 개인의 정체성은 신체적 특징이 아니라, 의상과 태도, 즉 신분과 관계된 예법에 의해 규정된다. 사대부집 여성은 고운 치마저고리를 입고, 얌전하게 머리를 숙여야 한다. 얼굴을 보여서도 안 되고, 신체를 드러내서도 안 된다. 따라서 남성이 여장을 하더라도 여성처럼 쪽진 머리에 고운 한복을 입고 다소곳이 고개를 숙이고 있으면, 겉모습만으로는 그가 남성인지 여성인지 전혀 분간할 수 없다.

그런데 근대 이후 신체를 인식하는 태도에 커다란 변화가 나타난다. 즉, 성별과 같은 개인의 정체성이 더 이상 예법이 아니라 신체 그 자체에 의해 인식되기 시작한 것이다. 성별은 절대적인 것이 되었으며, 가장 먼저 남성복과 여성복에 그러한 성별의 특징을 반영하는 변화들이 나타났다. 신체가 가진 성별적 특징을 어떻게 드러내는가를 놓고 다양한 담론들이 본격적으로 전개되기 시작하면서, 여성복은 화려해지고, 남성복은 엄격해진다.

이도령을 유혹했던 초록저고리와 다홍치마의 색상은 더 이상 남성을 유혹할 수 없게 되었다. 근대의 남성들은 색채가 아니라 신체적 특징의 발현에 흥분하기 때문이다. 이제 여성들은 낭창낭창한 걸음걸이나 속이 들여다보이는 여름 옷, 살짝 웃음 짓는 고운 잇속의 금니 같은 것으로 남성을 유혹한다. 그렇기 때문에 같은 여성이라도 구식 한복에 쪽진 머리를 하느냐, 양장에 트레머리를 하느냐에 따라 완전히 다른 사람으로 각인되기 마련이다. 색채가 아니라 신체에 유혹을 느끼며, 신분과 예법이 아니라 화장법과 의복 스타일이 정체성을 결정짓는 시대가 된 것이다. 개성이 근대적 개인의 정체성을 좌우하는 중심에 놓임으로써 근대적인 패션의 개념도 자리를 잡게 되었다.

그러나 근대의 패션은 일제의 식민지 지배 원리가 구사한 근대의 전략이기도 했다. 근대가 서구적이며 동시에 제국주의적인 속성을 가졌기에, 근대적 패션 또한 서구적이며 동시에 제국주의적이었다. 아름다움의 기준이 일제와 서양에 있었으므로, 조선인의 신체는 패션을 통해 지배 논리의 궤적을 따를 수밖에 없었다. 당시 경성의 모든 멋쟁이들이 추구했던 각종 스타일과 그것을 둘러싼 담론들에는, 겉모습에 작용하는 근대의 원리와 식민지 지배의 원리가 혹은 매혹의 대상으로 혹은 비판의 대상으로 포착되어 양가적으로 교차되는 생생한 모습이 드러나 있다.

유행의 발견과 근대적 패션 담론의 전개

패션이란 일정 기간 동안에 유행한 지배적인 양식으로서, 특정한 취미나 기호, 사고방식, 행동양식 등이 의식적·무의식적으로 전염되는 사회적인 동조현상을 일컫는 말이다. 패션은 다수의 사람들이 선호하는 일반적인 양식이지만, 변화를 전제로 한다. 즉, 변화의 흐름 속에서 새로운 양식이 선택되고 동화되는 것이다. 이러한 패션에는 덧없음의 체계와 미적 환상의 체계가 결합해 있다. 근대적 패션은 새로운 사회적 유대

路上의 人(『별건곤』, 1929.2).

와 가치의 전개를 뜻한다. 관습의 시대를 지배한 것이 옛것에 대한 명예와 선조들에 대한 모방이었다면, 근대 패션의 시대는 새로운 것에 대한 숭배와 외국 제품에 대한 모방에 의해 지배된다.[1]

외양은 패션이 가장 철저하게 실행되고, 미적 환상과 덧없음의 조직이 가장 순수하게 표상될 수 있는 영역이다. 19세기와 20세기 외양의 영역, 즉 복식은 패션과 유행의 과정을 철저하게 육화해 왔다. 그러나 근대적 복식 유행은 과거의 전통을 부정하는 까닭에 비판의 대상이 되었으며, 1920년대에는 이를 '전염병'에 비유하기도 했다.

유행이라는 것은 그 이름과 마찬가지로 일종의 전염병 같은 것이니 한번 미균(黴菌)이 발생만하면 어떠한 힘으로도 막으려야 막을 수 없이 일사천리의 세(勢)로 쑥-퍼지고야 마는 것이다. 그럼으로 그것이 우스꽝스러우면서도 엄청난 세력을 갖게 되는 것이니(권구현, 「새해에 올 유행 중의 한 가지-신유행 예상기」, 『별건곤』 11, 1928.1, p.94).

유행을 전염병처럼 묘사하면서 새로운 패션은 '세균'으로 이해되었다. 세균이 사람 몸에 한 번 들어가면 많은 사람들을 감염시키는 것처럼, 유행 또한 사람들을 동화시키는 힘을 발휘한다. 그러나 유행은 오랜 생명력을 갖지 못하고 끊임없이 변화한다. 유행은 사람들의 호기심을 이용하여 상업을 번창시

키려는 상인들의 술수로 이해된다. 동일한 물건을 외양만 바꾸어 신제품이라고 광고함으로써 유행을 조장한다는 것이다.[2] 물건의 재질이나 용도는 같고 형상만 달라지니 그 변화는 본질적인 것이 아니라 사소하고 말초적인 것이 될 수밖에 없다. 이런 사소함에 열광하는 사람들의 모습은 변덕스러운 것으로 간주된다.

> 유행이란 참말 이상한 힘을 가졌습니다. 사람으로 하여금 자발적으로 금욕케 하고 자율적으로 인고케 하는 점에 있어 고승(高僧)이나 목사의 설교 이상의 힘을 가졌으며 사회생활을 규제하고 관리하는 점에 잇서 여하한 법률보다도 더 우세의 힘을 가젓습니다. (중략) 범인(凡人)의 할 수 없는 특별한 일을 해서 시대의 첨단을 걸어가려는—즉 소위 첨단광(尖端狂)은 이 종류에 속하는 것입니다(無名草, 「생명을 좌우하는 유행의 마력」, 『신여성』, 1931.11, pp.64~67).

유행은 사람으로 하여금 자발적으로 금욕케 하고, 인고케 한다는 점에서 고승이나 목사의 설교보다도 큰 감화력을 갖고 있으며, 사회생활을 규제한다는 점에서 법률보다도 우월한 힘을 갖는다. 마른 여자가 미인으로 인정되기만 한다면 생명을 돌보지 않은 채 살을 깎고 피를 짜내게 하는 것, 그것이 바로 유행의 마력이다. 대중과 다른 특별한 존재가 되고자 하는 열광은 첨단광, 유행광의 형태로 인식된다. 출생이 곧 신분으로 이어지고 신분에 따라 의복의 색깔이나 형식이 규제되는 상황에서 개인의 외모나 차림새는 그의 존재와 무관한 것이 된다. 그러나 더 이상 가문이나 신분이 그의 정체성을 규정하지 못할 때, 사람들은 특정한 외양의 형식에서 자신을 발현하고자 한다. 패션인(유행광)은 곧 외양과 옷차림에 있어 남들보다 앞선 존재이며, 특정한 유행을 선도하는 집단으로 출현한다.

유행과 패션은 모방을 통해 널리 확산된다. 그 과시와 관찰, 모방이 진행되는 공간은 전차이다. 의복의 감(천)은 물론이고 바느질과 장신구의 형식까지 관찰의 대상이 된다. 식민지 시대 경성에서 신여성과 기생은 최신 복식을 경쟁하듯 과시하며 새로운 매혹의 대상으로 등장한 패션인들이다.[3] 패션인이 선도하는 유행은 '스피드'로 특징지어진다. 새로운 것에 대한 열광으로부터 생겨난 유행은 근대의 성격을 반영하고 있으며, 새로움에 대한 열광은 끝없이 빠른 변화를 요구한다. 1930년대 경성에서는 그 속도에 대한 열광과 함께 비판이 공존하고 있었다.

유행이라면 미리 악을 쓰는 요새 신여성들이 유선형(流線型)이라면 장옷이나 만또를 엇다 다시 두르지 안는지 모르겠다 (중략) 이제는 코 떠러지고 귀 떠러진 사람들도 장가나 시집가기 조혼 때가 온 것이요, 도야지가, 시체 가정을 출입하게 될 것도, 그 도야지란 놈이 그야말로 유선형인 까닭이다(석영생, 「표준 달려진 미남미녀씨-유선형 시대 3」, 『조선일보」, 1935.2.5).

    신여성의 외양 비판에서 핵심이 되는 것은 일단 그 변덕 같은 속도감이다. "결혼도 후딱 잘하고 이혼도 후딱 잘하고 시집가기 전에 아이도 후딱 잘 낳고 자살도 후딱 잘하는" 신여성의 행동을 집약하는 말이 '유선형식'인데, 이 유선형은 총알이나 대포, 즉 식민지 지배의 상징으로 간주되는 것이기도 하다. 외양을 지배하는 근대적 세련성의 형식이 곧 침략과 지배의 형식이기도 하다는 것은 그 속도감에서 잘 드러난다. 그리하여 유행의 첨단에 선 패션인들에게 '미'란 그 속도감만큼이나 변덕스럽고 기괴한 것이어서 언젠가는 "돼지처럼 생긴 사람들이나 눈도 없고 코도 없고 지렁이 같이 생긴 사람"에게서 발견하는 것이 될지도 모른다. 과도한 전위는 그로테스크한 형식으로 나아간다는 점에서 이러한 비판은 지나친 것이 되지 않는다. 유선형에 열광하는 신여성들이 언젠가 머리 스타일까지 비행기처럼 만들어 유행시키지 않으리란 보장도 없는 것이다. 이처럼 유행에서 비판의 초점은 그 변화의 속도와 변덕뿐만 아니라 전위성에 놓이기도 한다.

    복식 유행의 확산은 빠른 속도로 외모의 변화를 가져 왔는데, 그것은 패션이 변덕스러운 속도감과 함께 미를 추구하는 속성을 나타내기 때문이다. 외모에는 의복이나 장신구의 유형뿐 아니라 신체적인 속성들도 포함된다. 이상적인 체형이나 육체적인 매력에 관한 사회적인 기준은 개인의 자아 개념에

영향을 주며, 복식 스타일과 옷매무새 그리고 장식 형태들과도 밀접한 관련이 있다.[4] 유행에 따라 이상적인 미의 조건은 유동적이다.

패션은 미적 환상과 덧없음이라는 논리로 재구조화된 근대 사회와 함께 출현한다. 김기림은 패션의 환상과 덧없음의 중심부를 꿰뚫는 시각을 보여준다. 그에게 패션이란 모던 걸의 육체와 백화점의 쇼윈도가 환기하는 낯선 꿈의 영역에서 출발하는 것이다.

> 피녀(彼女)들의 '하이힐'(노푼 구두굽)이 더한층 가벼움을 늣길 때가 왓다. / 육색(肉色)의 '스터킹'- / 극단으로 짧은 '스카-트'- / 등등으로 피녀들은 둔감한 가두(街頭)의 기계 문명의 표면에 지튼 '에로티시즘'과 발랄한 흥분을 농후하게 칠일 것이다. / 털 기푼 외투- / 솜 노은 비단 두루마가- / 두터운 방한모- / 여호털 목도라- / 잘 잇거라 너히들(김기림, 「봄의 전령-북행열차를 타고」, 『조선일보』, 1933.2.22).

겨울이 지나고 봄이 온다는 것은 무엇보다 패션의 변모로 인식되며, 그것은 하이힐이나 스타킹, 미니스커트가 환기하는 봄의 에로티시즘과 연결된다. 이는 경성 거리를 산책하는 시선에 사로잡힌 "페이브멘트에 몸부림치는 오후의 반사열과 노란 먼지의 물질을 헤염처가는 흰 '세루'바지와 '모던 껄'의 미끈한 다리들"로 집약되며, "백화점 쇼윈도우 속 빨갛고 강렬

한 원색의 해수욕복"에서 여름이라는 계절로 손쉽게 이동한다. 오후의 태양과 노랗게 뜬 먼지 사이를 헤치며 걷는 화자의 시선에는 1930년대 경성의 모든 풍경이 들어온다. 서양개를 데리고 산책하는 이국풍 흉내내기에 바쁜 신사와 숙녀의 어설픈 모습, 여우털 목도리와 짧은 스커트를 유행과 계절에 맞춰 갈아치우는 모던 걸의 경박함 등.

이처럼 식민지 시대 경성에서 유행은 삶의 풍속으로 자리 잡기 시작한다. 유행의 변화는 옷차림의 변화만이 아니라 그것을 지향하는 의식과 생활의 변화를 의미한다. 유행은 자아와 개성을 강조하는 서구적 사고방식의 산물로서, 남과는 다른 것을 착용함으로써 자신이 구태에서 벗어난 존재임을 과시하는 행동양식이 된다. 특정한 개인이 된다는 의식, 독특한 정체성을 표현하려는 의지, 개성에 대한 의식 등이 패션의 생산력이자 추진력이다.

인버네스와 프록코트 – 모던 보이의 패션

근대적 외양이 서구화와 관련된다면 최초의 근대 패션 역시 양복을 입은 개화파 지식인들로부터 찾아야 할 것이다. 1881년 일본에 파견된 신사유람단의 일원이었던 서광범이 요코하마에서 처음으로 양복을 사 입은 후5) 양복은 빠른 속도로 지식층 남성의 복장으로 자리 잡았다. 이는 코트, 넥타이, 셔

丁子屋
양복점 광고
(『동아일보』, 1923년).

츠의 모양, 칼라, 바지통, 멜빵, 모자, 구두, 지팡이, 커프스를 포함한 총체적인 외양의 변화를 의미한다.

식민지 초기의 양복은 브리티시 모델이 주류를 이루었고, 특히 인버네스(Inverness)가 유행하였다. 인버네스는 망토처럼 생긴 남성복의 한 유형으로, 코난 도일이 창조한 명탐정 '셜록 홈즈'가 여행을 떠날 때 으레 겉에 걸치던 옷이다. 셜록 홈즈 시리즈가 출판된 1800년대부터 영국에서 널리 유행했으며, 제국주의의 침략 궤도를 따라 일본으로 유입되고, 자연스럽게 우리나라에까지 전해진 것으로 보인다.

1913년 『매일신보』에 연재된 조일재의 번안소설 「장한몽」은 김중배의 금광석 반지에 현혹되어 사랑을 버리고 떠난 심순애와 그 때문에 학업을 작파하고 '돈놓이'(대금업)라는 더러운 일에 종사하게 되는 이수일의 사랑 이야기로 잘 알려진 작품이다. 「장한몽」에서 악역을 맡은 김중배는 인버네스를 펄럭이며 등장한다. 인버네스는 당시 막 수입되기 시작한 브리티시 스타일의 최첨단 패션으로, 돈 많은 호색한이며 일본 유학생인 김중배의 성격을 드러내는 장치 가운데 하나이다. 작품 속에서 김중배는 "나이는 이삼사오 세나 되여보이며 임바네스를 몸에 두르고 수달피 목도리를 깊이 귀바퀴까지 둘럿으며", "곱슬곱슬하게 지진머리는 한가운데를 좌우로 갈라서 기름과 찌구를 발라 기름이 듯는 듯이 빗겨 붙이엇는데 많지 못한 수염은 윗입술에 잇는 것만 남기어 두엇고 적지 아니한 코에는 금테 안경을 걸엇더라 옷은 프록코트를 입고 조끼 한가운데에

는 손가락 같은 금시곗줄을 길게 늘이었는데"라고 묘사되어
있다. 인버네스에서부터 수달피 목도리, 곱슬곱슬하게 지진
머리, 뚝뚝 떨어질 정도로 바른 머리 기름, 코밑의 수염, 코에
걸린 금테 안경, 프록코트, 금시계 줄, 금광석 반지 등등. 김중
배의 외양은 당시 전위패션을 구성하는 요소들로 가득 채워져
있다. 전위패션이란 패션 리더, 즉 유행을 가장 먼저 받아들인
소수의 사람들에 의해 채택된 스타일이다. 심순애가 이수일을
버리고 김중배를 따라간 것은 휘황찬란한 금광석 반지에 눈이
멀었기 때문만은 아니다. 심순애는 김중배가 구사하는 매혹의
전략, 즉 펄럭이는 인버네스와 지져서 곱슬곱슬한 머리가 자
아내는 세련됨에 사로잡힌 것이다. 미적 환상이 가져오는 매
혹이 대단한 만큼 그 환상이 사라졌을 때 갖게 되는 공허함
역시 매우 크다. 김중배의 패션에 매혹된 심순애는 그 환상을
좇아 사랑을 버리고 결국 타락해간다.

　식민지 시대의 양복 형식으로는 프록코트와 싱글·더블슈
트, 인버네스, 트랜치코트, 스프링코트 등이 다양하게 나타났
다. 그 가운데 인버네스와 함께 대중적인 공감대를 얻으며 상
상력의 한 축을 이룬 것이 프록코트인데, 이는 안국선이 「금
수회의록」에서 까마귀의 외양을 검정색 프록코트를 입은 신
사에 비유할 정도로 보편화된 이미지로 정착된다.

　양복은 그 실용성과 착장층의 문화적인 우월감 속에 쉽게
정착되면서 새로운 모던 남성의 상(像)을 형성해 나갔다. 그러
나 모던 보이들의 양복 유행은 사치품이라는 관점에서 비판을

받기도 했다. 가령 「못된 유행」이란 제목으로 "졸업하자마자 양복점으로 달려가 거금 백원대의 '세비로' 양복을 해 입는 속 못 차리는 졸업생"[6]을 나무라는 글도 있다.

> 배는 고파도 양복은 깨끗이. 꼿만 아니라 빛깔, 스타일, 이것이 현대적이여야만-그들은 왜 큰 세계를 볼 머리통을 가지고도 극히 적은 이 점에 고민을 하는가 (중략) 그것만 입고 나서면 그의 꿈은 다시 이러난다 아름다운 여자-탕고-월스 그렇치만 입은 양복에 배고 밴 '나프타린' 내음새가 코를 찌를 때, 그는 비애를 느낄 것이다. 더구나 그 양복이 제가 전당 잡혔든 것이면……(안석영, 「고물상 양복-만추풍경 1」, 『조선일보』, 1933.10.20)

아무리 배가 고파도 양복의 빛깔과 스타일이 현대적이어야만 하는 지식 청년들의 모습은 고대 귀족의 환락을 그리워하는 시대착오적인 태도로 비판을 받는다. 모던 보이의 머리 속을 지배하고 있는 것은 '스마트'한 자신의 차림, 즉 근대 패션 리더로서의 자아상이며, 그 상이 깨어지는 것은 전당포에서 골라 입은 양복에서 풍기는 나프탈렌 냄새를 맡을 때이다. 가난한 자아에서 환멸과 불안을 느끼는 한편, 똥통을 매고 가는 하층민을 볼 때면 그래도 자신은 지식층임을 자부한다. 현실과 이상, 고등 실직자로서의 자아와 양복의 스타일을 즐기는 신지식층으로서의 자아상 사이에 모순을 일으키는 가운데, 그

모－던 뽀이의 산보－가상 소견
(『조선일보』, 1928.2.7).

들의 일상은 미적 환상 이면의 허무함으로 표현된다. 이처럼 모던 보이의 세련성에 대한 비판은 식민치하의 가난한 현실을 바탕으로 안타까움을 환기시킨다.

한편 남성의 넓어진 바지통이라든지, 모던 보이의 이국 취향 같은 것도 비판의 대상이 된다. 외국에서 들어온 활동사진의 영향을 받아 "하롤드 로이드의 대모테 안경"과 "빠렌티노의 구레나룻"과 "뻐스터키－톤의 젬병 모자", "카－보이의 가죽 바지를 닮은 나팔바지"를 착용하고 경성의 거리를 활보하는 모던 보이의 모습은 사람들에게 어떤 이질감을 느끼게 하기에 충분한 것이다. "다 쓰러져가는 초가집만 있는 조선의 거리"를 활보하는 그들의 모습은 이국적이며 또한 사치스럽다. 양복은 서양에서 들어왔다 하여 '화복'과 반대로 얕잡아보는 의미에서 붙여진 것이었지만, 식민지 상황에서 그것은 이국적이며 세련된 패션으로 정착된다. 좀더 이국적인 형상을 찾아 경박한 모던 보이들은 스크린의 스타들을 모방하는데, 그 모방이 이루어지는 현실이 찢어질 듯 가난한 초가집으로 넘쳐나는 조선이라는 점에서 그들의 외양은 지나친 전위성으로 인식될 수밖에 없다.

양장 청년에 대한 이미지가 초기의 개화 지식층에서 친일파로, 이어 모던 보이의 가식성으로 탈바꿈되면서 부정적인 면모를 나타내기도 하지만, 어쨌든 양복은 지식층 남성 일반의 복식 형태로 자리 잡는다. 따라서 모던 보이의 외모에서 비판을 받는 것은 양복 자체가 아니라 그 이외의 멋부림이다.

> 인테리, 더구나 월급쟁이에게는 이 '넥타이'가 그 너즐한 월급양복의 값슬 올리는 '렛델'이라는 것보담도 그 자신의 품격, 취미의정(趣味意情)까지도 말하는 것이다. 오십 전짜리 넥타이가 잘 팔리는 것은 이들의 각일각으로 변하는 식견 때문이라 할가(안석영, 「푸른 기폭, 오십 전짜리 넥타이—오월의 스켓취 2」, 『조선일보』, 1934.5.13).

양복과 넥타이는 이제 일부의 패션이 아니라, 대부분 월급쟁이들의 보편적 외양이며 하나의 '레텔'이 되었다. 그것은 한 사람의 품격이나 취미, 즉 개성을 보여주는 형식으로 자리매김하며, 그의 가치를 드러내고 있다. 유행이 빠르게 변화하는 만큼 넥타이도 빠르게 변화한다. 기름 때 묻은 칼라에 새롭고 깨끗한 넥타이가 달려야 할 만큼 그것은 빠른 속도로 변화해 갔다. 넥타이뿐 아니라 맥고모자와 흰 구두 같은, 양복에 부수

되는 것들도 계절을 앞서가리만큼 **빠르게** 변화한다.

양복 착용이 정착되면서, 모던 보이의 경박성에 대한 수많은 표현에도 불구하고 모던 보이의 감각을 긍정적으로 평가하는 글도 나타난다.

청신한 감각의 세계, 찰나적이요 기분적인 도취의 세계가 언제든지 그들의 눈암헤 방황한다. 그들은 실로 아름다운 근대의 무지개다(박팔양, 「모-던뽀이 寸感-모던 껄·모던뽀이 대논평」, 『별건곤』 10, 1927.12, p.116).

모던 보이는 청신한 감각의 세계에 사는 사람으로 평가된다. 현대 사회 자체가 가진 속도성을 감안할 때, 찰나적이며 도취적인 감각의 세계에 충실한 태도를 비난할 수만은 없다. 과거와는 다른 청신한 감각의 세계에 사는 새로운 청년의 형식과 태도를 비난할 근거는 무엇인가? 찰나적, 기분적인 도취의 세계가 나쁘다고 보는 것은 개인의 자유일 수는 있어도 그 자체가 절대적으로 비난의 근거가 될 수는 없다는 것이 모던 보이 긍정론의 요지이다. 모던 보이의 유행에 대한 경도를 감각에 대한 경도, 일상을 위안하는 감각적 도취의 세계로 합리화한 셈인데, 이 논리는 물론 유행의 경박성과 사치성을 비판하는 목소리에 의해 너무나 쉽게 묻혀 버리고 말았다.

모던 걸, 허영과 소비적 기호의 창출

양복이 쉽게 정착된 반면 여성의 양장은 정착에 진통을 겪은 것으로 보인다. 개화기에 윤고려가 최초로 양장한 이후 그것은 앞서가는 여성의 전위패션이 되었지만[7], 여성의 대부분은 양장 유행에 편승하지 않았다. 양장은 특수한 직업여성(카

신여성의 복식미
(『별건곤』, 1930.5).

23

페 여급, 기생 등)의 전유물로서, 양장 여인에 대한 비판 역시 손쉽게 발견할 수 있다.

식민지 시대 여성의 대중 패션은 치마와 저고리였지만, 이에도 새로운 변화가 나타난다. 치마와 저고리의 길이, 모양, 깃이나 끝동의 색깔, 무늬, 천의 종류 등에 따라 유행이 생긴 것이다. 우선 개화기의 여자 저고리는 극단적으로 짧아서 가슴을 제대로 덮지 못하고 살이 보이기 마련이었다. 따라서 "녀자의 복식이 덕당하다고 할 슈 업난 것이 비록 남자라도 슈족밧게 붉은 살이 보이거스면 톄면을 일엇다 하는데 함을며 녀자리오"8)식의 비판이 전개된다. 이후 치마와 저고리는 5~10년을 기준으로 길어지고 짧아짐을 반복한다. 이때, 치마가 길어지면 저고리는 짧아지고, 치마가 짧아지면 저고리는 길어지는 현상을 목격할 수 있다.

여성의 의복을 둘러싼 담론은 기존 의복을 개량하는 문제에서 출발한다. 이 문제가 처음으로 논의되기 시작한 것은 개화기의 의제 개량 요구들을 통해서이다.

여자가 남자와 평등ᄒᆞᆫ 권리롤 회복ᄒᆞ야 문명국 부인과 여(如)히 사회상 교제를 통행할지면 의제롤 개량ᄒᆞ고 장의 (長衣)인지 몽두(蒙頭)인지 폐퇴하고 노면ᄒᆞᄂᆞᆫ 것이 고금예 속을 참호(塹壕)통행홈이라 (중략) 여자의 자유로 노면ᄒᆞᄂᆞᆫ 것이 국법을 위반홈도 아니오 풍속개량에 제일 진보되고발 달되는 활동력으로 찬성ᄒᆞ노니(「의제개량-여자의제 2」, 『만

세보』, 1906.11.23, 논설).

개화기의 논설에서 여성 의제 개량의 핵심으로 제기된 것은 장옷의 폐지이다. 장옷은 여성들이 활발하게 거리로 진출하는 것을 방해하여 문명국과 같은 여성의 교제를 막는다는 점에서 적극적으로 폐지가 논의된다. 여성들도 과감하게 얼굴을 드러내고 거리를 활보하며 사교에 임해야 참된 개화가 가능해진다는 취지 아래 여성 의제 개량의 문제가 핵심으로 부각된 것이다. 이 장옷 폐지는 1910년대에 이르러 여학생이 들고 다니는 양산이 장옷을 대체함으로써 성공적으로 수행된다.

여성 복식 개량의 다음 문제로 제기되는 것은 치마허리이다. 저고리가 지나치게 짧아 치마허리로 가슴을 동여매는데, 이따금 그 치마허리가 내려가 가슴이 노출되는 일이 있을 뿐 아니라 지나치게 가슴을 동여맴으로써 위생상의 문제를 가져온다는 점이 문제로 지적된다. 이에 따라 이화학교 외국인 교사가 체조를 수월하게 가르치기 위해 시도한 조끼허리(매는 허리)가 학생들을 통해 보급되면서 여러 신여성들에 의해 그 효용성이 강조된 개량 한복 논의가 이루어지게 된다. 의제 개량에 대한 신여성들의 논의 가운데 대표적인 것은 『동아일보』 지상에서 이루어진 김원주와 나혜석의 논쟁이다.

　　이 의복의 허리로 가슴을 동이는 것이야말노 진실로 사
　람의 생명을 빼앗는 무서운 여러 가지 병의 원인을 짓는다

합니다 첫재 허파의 수축을 자유롭지 못하게 하야 호흡긔의
병이 생기기 쉬웁고 또한 가슴 동이는 까닭으로 뎨일 만히
생기는 병이 폐첨가답아라 합니다 또한 륵막염의 원인도 혼
히 가슴 동이는 데 잇고 심장에도 해가 잇다 합니다(김원주,
「부인의복개량에 대하야 한 가지 의견을 드리나이다」, 『동
아일보』, 1921.9.21).

김원주는 먼저 우리 의복이 위생적으로나 미적으로 큰 문
제가 없음을 전제한 후 가장 시급히 개량해야 할 것으로 허리
로 가슴을 동이는 문제를 제기한다. 허리로 가슴을 꼭 동여매
는 까닭에 호흡기 질환과 심장 질환이 발생하며 체격이 제대
로 자라지 않는다는 주장을 내세우며 치마허리를 학생의 어깨
옷(조끼허리) 형태로 바꿀 것을 강조한다. 그의 개량 한복 논의
는 의복감과 빛깔에 대한 문제로 이어진다. 우리 의복은 희고
얇은 형태인데 겨울에는 명주옷이나 옥양목의 흰 의복을 피하
고 검은 빛을 취하며 또한 모직 의류 같은 것으로 옷을 지어야
오래 입지 않겠느냐는 것이다. 이와 함께 그는 저고리의 동정
에서부터 소매모양, 길이, 치마 주름까지 완전히 바꾼 자신의
개량 한복을 선보인다. 그 모습은 10년대 우리나라에 들어온
서양 부인의 평상복과 비슷한 느낌을 준다. 스스로는 한복을
모두 뜯어고쳐 서양복 비슷하게 할 필요는 없다고 주장하면서
도 그가 선보이는 개량 한복은 거의 서양 부인의 의상과 비슷
한 것이다. 여기에서 나혜석의 비판이 시작된다.

형의 개량복은 아모리 보아도 운동복으로나 경편할가밧
게 보이지 안슴니다 (중략) 실로 아름답고 경편한 의복은 우
리 지금 입은 의복이외다 무슨 까닭으로 도련부터 조선적인
특색 잇는 모양을 모다 뜨더 곳치여 서양옷 비슷하게할 필
요가 잇슬가요(나혜석,「부인의복개량문제-金元周兄의 의견
에 대하야」,『동아일보』, 1921.10.6).

　　나혜석은 지금 우리 의복의 편리함과 아름다움에 주목하며
이를 모두 뜯어 고쳐 운동복 같은 옷을 만드는 것은 과도하다
고 비판한다. 물론 치마허리를 고치는 것이나 무색옷을 입는
것에 대해서는 찬성하지만, 의복의 모든 제도를 고치는 것은
복식미를 이유로 비판하는 것이다. 나혜석이 발견한 우리 복
식의 미는 넓은 치마가 물결치는 형태에 있으며, 따라서 그 개
량은 최소에 머물러야 한다. 옷감을 바꾸는 문제에 있어서도
현재의 한복감이 특별히 문제가 되어서가 아니라, 생활의 편
리를 도모함으로써 여성들도 여가를 얻어 문명을 습득해야 하
기 때문에 어쩔 수 없이 바꾸자는 논리를 편다. 김원주의 실용
중심, 서양 중심의 의제 개량 논의에 대해 나혜석은 미학 중
심, 전통 중심의 관점으로 맞섰고, 이후의 의제 개량 논의들은
이에서 크게 벗어나지 않는 차원에서 반복된다.
　　『신여성』제2권 11월호는 '의복문제와 공개장호'라는 별칭
을 달고 있다. 여성의복 개량문제를 잡지의 중점 토론과제로
부여하고, 많은 사람들의 의견을 실었다. 옛날 여인들의 옷이

어떠한 형태를 가졌는지부터 시작하여[9] 미관상의 가치 문제, 개량할 곳의 지정과 그 방향성 등의 문제들을 폭넓게 토론하였다. 이들 대개는 여성 의복이 지닌 미학적 부분과 실용적 부분, 색채 부분에 문제를 제기하고 있다.

> 옷은 그 사람의 표현이다 옷에 그 사람의 무상식과 유식이 드러난다 더 가서 말하자면 그 사람의 전반 생활이 드러난다 그 사람이 단정하고 그 사람의 경중과 그 사람의 마음씨가 모다 옷으로 드러난다 맘이 추한 사람은 옷을 추하게 꿈인다 (중략) 그런고로 나는 일반의 생활을 향상 식히는 그 조건 중 하나인 일반적으로 생활의 미화를 힘써 보자는 말이다(안석주, 「미관상으로 보아서-의복문제」, 『신여성』, 1924. 11, pp.8~9).

미적으로 의복을 개량하는데 있어 분명한 것은 그것이 유행을 추종하는 행위와 구분되어야 한다는 점이다. 의복은 한 사람의 정체성을 표현하는 수단이 된다. 신분의 경계와 출신의 내면성이 사라진 시대에 의복과 외양은 곧 그 사람의 단정함과 경중, 마음씨까지 드러내는 장치가 된다. 그리하여 옷이 추한 사람은 마음이 추한 사람으로 받아들여진다. 옷을 아름답게 입는다는 것은 곧 생활의 미와 연결된다. 이는 유행을 선도하고 따르고자 하는 심리와는 다른 것으로, 유행을 따르는 행동은 "내적 생활에 아무 가치가 없고 다만 허영심에 지나지” 않을 뿐이다. 미적 요구는 행동하는데 거추장스러운 소매의 개량과 그 재료 선택에 있어서 내구성의 요구와 함께 각자의 개성에 따라 옷 색깔이나 재단법을 달리하는 자율성의 요구로 대체된다. 의복은 개성을 나타내며, 개성은 곧 한 개인의 정체성이기 때문에 의복을 획일적인 논리로 규제해서는 안 된다고 보는 반면, 유행을 따르는 것은 허영심에 근거한 획일성의 논리로 간주된다.

의복 개량의 논의에서 이상적 의복의 조건은 “몸에 잘 맞고 동작에 거추장스럽지 안코 보기에 맵시가 나고 입어서 몸에 해를 끼치지 안는 것”[10]으로 제시된다. 옷감의 선택과 의복제도의 형식은 이러한 조건에 따라 실행되어야 하기에 우리 의복이 무색 위주이고 풀을 먹여 빳빳하며 속옷을 겹겹이 입어 무거운 것 등은 비판의 초점이 될 수밖에 없다. 당시 우리나라 여성 복식에 대해 외국인들도 짤막하게나마 의견을 덧붙였는데, 그 내용은 “열두살 넘은 여자가 왜 치마를 짧게 닙슴닛가, 양복보다 경제가 될가, 통옷을 입는 것이 좃켓습니다-짧은 치마는 음란녀, 내 나라 의복의 특색을!, 구두 신는 것은 생각할 점” 등 비경제성과 비실용성, 서양식과의 절충에서

짧은 저고리, 짧은 치마의 유행
(『신여성』, 1923.7).

오는 불합리성 등을 지적하는 것이었다.

여러 차례의 개량 논의를 통해 여성 복식은 크게 변화한다. 장옷차림에 눈만 내놓고 다니던 여성들은 이제 종아리를 드러내는 통치마에 구두를 신었다. 가슴위로 올라간 저고리는 허리까지 내려오고, 고름을 대체하여 단추를 달았다. 치마 역시 굵은 통주름이 잡혀 서양의 플리츠스커트와 유사한 형태가 되었다. 이전의 한복은 구식 부인에게만 통용되었고, 신여성들은 짧은 치마와 긴 저고리의 간편한 개량 한복을 입고 경성 거리를 거닐었다.

한편 양장이 여성에게 보편적인 것이 되지 않았기에 양장 여인은 괴담의 주인공으로까지 부각된다. "어떠한 양장미인하나가 경성 종로 근처에 잇는 구미식 양복점에 나타낫는데" 화장도 세련됐고 돈을 물 쓰듯 하며 자신을 어느 백작의 영양으로 소개하고 다니다가 여행지에서 돈 많은 남성을 호리기도 하고 조용한 하숙집에서 주인집 딸과 지내기도 했는데 알고 보니 그 양장미인이 사기꾼으로 양장을 한 미모의 남자이더라는 식의 이야기[11]가 잡지에 흥밋거리로 소개되었다.

여성 양장에 대한 대중의 인식을 보여주는 사례로 염상섭의 장편소설 「이심」을 들 수 있다.

불시에 양장미인이 쑥 나타나니까, 일제이 이쪽을 바라본다. (중략) 그러나 그 눈이 몹시 경멸하는 표정인 것을 보자 춘경이는 눈을 나리깔았다. 사람이 옷을 잘못 입어도 멸시를 당하는 것이요, 너무 잘 입어도 멸시를 당하는 것이다. (중략) 경찰서에서 나온 춘경이는 웨 이 세상은 가는 족족 자기를 멸시하고 천대를 하는구? 그렇게도 제 몸이 천하여 지고 죄가 깊은가? 양복을 입었기로 그렇게도 틀릴 거야 무엇이드람! 하며 생각하였다(염상섭,「二心」, 민음사, 1987, pp.84~85).

「이심(二心)」에서 여주인공 박춘경의 양장 차림은 소재적으로만 다루어진 것이 아니다. 그것은 그녀의 가치 지향이 남편에 대한 애정과 가족 윤리에 기우는가, 아니면 성욕과 생활을 위한 직업여성의 윤리에 기우는가의 상징으로 그려진다. 경찰서에 들어간 남편을 면회하는 길로 예전 애인을 찾아가 돈과 직업을 얻어 그 돈으로 전당포에 맡긴 자신의 양복부터 찾아 입는 춘경의 행위는, 양머리 모양이나 구두와 함께 양복이 환기하는 외양의 변화를 나타낸다. 이는 그녀의 삶 역시 변화시킨다. 그리하여 춘경의 생애는 그 양복을 입는 순간, 평범한 가정부인의 삶에서 매춘과 사기라는 극단적 사건의 삶으로 돌변한다. 염상섭은 '박춘경'의 패션을 통해 당대 신여성들의 새로운 가치관과 그 부도덕성 및 이기성, 물질주의를 표상하고 있는 것이다. 이러한 염상섭의 전략은 「사랑과 죄」에서 단발한 '김마리아'의 행태로 나타나기도 하고, 「牧丹꽃 필 때」에서 '김문자'의 이브닝드레스와 퍼머머리로 나타나기도 한다.
양장을 한 여인은 그 차림새만으로도 대중의 관심과 호기심의 대상이 되고 괴담의 주인공이 된다. 이러한 호기심과 관심의 극단에 놓인 존재가 곧 모던 걸이다. '時體 여인'이라는 의미로 1920년대부터 유행하기 시작한 이 단어는 그 자체로 새로운 외양과 개성의 존재를 환기시키기에 충분하다. 모던 걸, 모던 보이란 1920년대 후반 1930년대 초를 휩쓴 모던풍의 첨단에 놓인 존재들이다. 당시에는 모든 유행에 '모던'이란 수식어를 붙이는 경향이 있었고, 모던 보이, 모던 걸은 근대적 패션인의 집단, 하이칼라의 집단을 통틀어 지칭하는 용어였다.

> 모던! 모든 것이 모던이다. 모던걸 모던뽀-이 모던대신 모던왕자 모던철학 모던과학 모던종교 모던예술 모던자살 모던극장 모던스타일 모던순사 모던도적놈 모던잡지 모던연애 모던건축 모던상점 모던기생(조선에 한함)…… 무제한이다. (중략) 우리가 지금 불으는 모던은 1930年을 中心으로 새로히 생긴 사회적 조건의 반영인 일부 인간생활의 이데올로기를 표시하는 '모던이즘'의 '모던'은 지금에 우리가 한번 밧게는 더 쓰지 못할 고유명사의 '모던'이다(壬寅生, 「모던이씀」, 『별건곤』 25, 1930.1, pp.136~137).

'모던'이라는 수식어가 붙는 단어가 하도 많아서 '무제한'이라고까지 논하고 있는 위의 글에서 필자는 '모던'이라는 단어의 원래 뜻과 고유명사로서의 '모던'을 구분한다. 원래 '모던'은 '현대'라는 보통명사이지만 1930년에 사용된 '모던'이라는 단어는 고유명사로서 1920년 이후에 등장한 특정한 역사적 현상을 가리키는 말이다. 즉, 그것은 근래에 생겨난 특정한 사회적 조건의 반영으로서 일부 계층의 이데올로기를 표시하는 모더니즘의 축약어라고 필자는 간주한다. 고도로 발달한 자본주의가 산업의 합리화를 가져왔는데, 이 산업의 합리화란 "미국을 중심으로-아니 수령으로 한 일체 산업의 인터내슈날이즘"으로 그 실행에 있어 기계의 절대적 진출을 가져오는 것이다. 기계의 절대적 진출로부터 공장 속에서의 개인의 고립화와 원자화를 지적한 필자는 "이 기계의 눈부신 활동은 필연적으로 인간의 의식을 좌우한다"고 서술하고, "현대자본주의 다시 말하면 아메리카니즘에 두가지 형태가 잇스니 메카니즘이 그 하나요 달은 하나는 모던이즘"이라고 한다. 그리하여 필자는 모더니즘을 "아메리카니즘을 모체로 하고 이 세상에 생겨난 일부 소비계급의 문화적 생활 형식"이라고 정의한다. 그 형식은 '날카로운 자극'의 약동이 된다. 영화, 라디오, 텔레비전, 삼각연애, 태평양 횡단, 마네킹, 젊어지는 법, 손쉬운 단념, 자유결혼, 탐정소설, 콩트, 유머 등 역동성과 미래성을 구비한 생활의 현상, 새로운 형식의 창조가 모두 모더니즘으로 간주된다. 필자는 이러한 새로운 감각의 요구는 그 속에 결국 바바리즘(야만주의)과 병적 문화를 내포할 수밖에 없다고 비판한다.

  짜즈를 보아라. 레뷰를 보아라. 라팔바지를 보고 짤분 스

카트를 보아라. 야만에 대하야 문화가 대립하엿섯다 야만
자체 속에는 임이 그 반대물인 문화가 배태되엿섯든 까닭에
이에 그 문화는 성장하여 모체인 야만을 극복하고서 문화
시대에 일으른 것이다. 그러나 그 야만의 요소는 전연 업서
진 것 아니다. 업서지지 아니하고 그대로 남어잇기 때문에
그것이 문화의 세련을 바더 다시 나타나는 것이다(壬寅生,
「모던이씀」, 『별건곤』 25, 1930.1, p.139).

노동자의 미래에 절대적 신뢰를 보이는 필자의 견해에서
째즈나 영화, 나팔바지와 노출이 심한 스커트는 야만의 그것
이 될 따름이다. 그것들은 스포츠나 전쟁과 마찬가지로 가장
세련된 동시에 야만적 형태라는 모순을 갖는다. 이는 물론 나
팔바지나 째즈, 짧은 치마나 스포츠가 환상을 통해 성욕과 본
능을 자극한다는 점에서 비롯한다. 즉, 세련성을 가장한 모던
문화는 생산성에 기여하지 못하며 소비적 본능과 성욕만을 자
극하는 것이기에 문화가 아니라 야만이라는 것이다. 이러한
측면에서 그것은 병적 문화, "게을음백이요 낭비성이 만코 무
기력하며 허식적이요 무목적이며 소비일면적인" 신경병자이
며 변태성욕자의 문화로 간주된다.

필자는 끝으로 조선 사회에 만연한 모더니즘의 기형성에
대해 지적한다. "조선의 모던뽀이 모던껄이 외국의 그것과 비
교해서 얼마나 뱃속에서 꼬르륵 (소리가) 나는가를 보"라는 것
이다. 조선은 세련된 자본주의 문화가 존재하는 곳이 아니고,

자본주의가 채 정착되지 못한 변방의 식민지일 따름이다. 그런 곳에서 생겨난 모던 보이 모던 걸이란 기형적인 존재가 될 수밖에 없다. 그들은 찢어지게 가난한 문화 속에서 생겨난 사치스럽고 허영에 들뜬 부패한 부류가 되는 것이다.

찢어지게 가난하여 "죽겠네 살겠네 못살겠네" 소리가 울려 퍼지지만, 늘어만 가는 음식점, 카페, 요리점의 풍경 속에는 조선옷에 에이프런을 두르고 히사시가미(pompadour, 이마 위로 빗어올린 머리)에 고무신을 신은 웨이트리스가 춤을 추고 노래를 부르고 술을 마시며 이 사람 저 사람을 유혹한다. 자본주의는 존재하지 않고 타락한 자본주의 문화만이 존재하는 기형성, 그것에 대해 식자들은 "이십세기라는 현대가 당신이 잡고 있는 술잔 속에서 한숨을 쉰다, 한숨을 쉰다"고 서술한다.[12] 이십세기라는 현대는 조선의 상황 속에서가 아니라 모던 걸이 마시는 술잔 속에만 존재한다. 요컨대 모던 걸들은 조선이라는 상황 속에서 탄생한 것이 아니라, 조선 바깥의 소문을 통해서, 박래의 화장품과 양장을 통해서, 재즈와 영화를 통해서 탄생한 기형의 존재였던 것이다.

> 만일 그가 '괴분'-즉 기모찌(그 여자는 언제나 기모찌라고 한다)라는 문ㅅ자를 몰랐드래면 이마빡에 부엌의 연매(煉煤)가 무덧드래도 그게 성(聖)스러운 표적으로 아랏슬런지는 모르나 '인테라-녀성이'된 그는 그 기모찌라는 것을 알고 맛보게 될 땐 얼마나 행복(?)하고 자랑스러윗는지!(안석영, 「아스

35

팔트의 딸-경기구를 탄 粉魂群 1」,『조선일보』, 1934.1.1)

'기모찌'라는 외래의 말을 알기에 그 단어가 풍기는 향기에 반생을 끌려 다닌 '미스 인텔리'의 삶은 역설적으로 행복을 드러낸다. '기모찌'를 아는 그녀는 백화점 쇼윈도 앞에서 입술을 칠하고, 음악회 관중 속에서 파우더를 바른다. 구찌 베니와 파우더, 백화점의 쇼윈도는 모두 박래품이다. 그녀는 이국의 단어를 향유할 수 있기 때문에 행복감을 느끼지만, 그 행복이란 덧없이 흘러가는 세월이나 살을 에는 듯한 차가운 날씨에 차려입은 얇은 옷처럼 초라한 허영에 불과하다. '기모찌'를 아는 인텔리 여성이란 결국 화장을 하고 얇은 옷을 입는 것밖에 모르는 장식일 따름이다.

지식의 경박성과 외양의 허영이 마주치는 곳에서 신여성에 대한 온갖 비판이 다채롭게 펼쳐지게 된다. 먼저 모던 걸의 허영이 어디에서 기원하는 것인가를 두고 논쟁이 이루어진다.

남자 : 사람이 생긴 자연대로 살고 자연에다 어지간한 정교(精巧)만 더하여도 미(美)라는 것이 상당히 상스럽지 안케 나타날 것인데 왜 귀태여나 의복으로도 아조 눈이 부실만치 화려한 것으로 해 입고 얼골에 분칠을 한다 그 위에 향수를 뿌린다 실용상으로는 아모 소용도 업는 금은주옥의 장식을 머리 손발에다 하야만 만족하답닛가

여자 : 첫재 리론적으로 말하더래도 여자의 허영심 가짐

은 결코 여자들 자신의 허물이 아니라고 생각합니다. 적어
도 몇천 년 동안 남자들의 횡포무도한 소치로 여자를 압박
하고구속하야 모든 것을 다 빼앗고 다만 인형과 가티 아름
답고 엡부고 순하게 복종만하면 좃타고 맨들어놋키 때문에
(HS 生·AS 生, 「여자가 허영이냐? 남자가 허영이냐?-녹창
토론」, 『신여성』, 1926.7 발췌).

자연적인 외모의 형식을 벗어나 과장된 장식에 열광하는
신여성을 비판하는 남성의 논조는 냉소로 가득하다. 의복과
몸맵시에서 아주 눈이 부실만하게 화려하게 차려입고 화장하
고 다니는 여성들의 미학은 비실용적인 것으로 매도된다. 이
에 대해 여성측은 그 비실용성이나 사치성을 옹호하지는 않는
다. 단지 그 비실용과 사치가 몇 천 년 동안 이어져온 가부장
적 남성 우월 문화의 결과이며, 남성의 횡포로부터 기원한 것
이므로, 남성들이 무조건적 냉소로 대응하는 것은 옳지 못하
다는 것이다. 이처럼 신여성의 유행열에 대한 남성과 여성의
관점은 상이하다. 그 가운데 모던 걸을 둘러싼 담론의 우위를
점한 것은 물론 남성적 입장이다. 신여성의 외양은 냉소로 가
득 찬 공격에 그대로 노출된다.
    신여성은 세수와 화장으로 오전을 보내고 백화점에서 소일
한 후 남자의 팔에 매달려 영화 구경을 가고 돈을 뜯어내는
착취의 패턴을 반복하는 것으로 일반화하면서 남성의 담론은
"조선의 모던 걸들은 성격으로나 생활로나 화류병으로나 이미

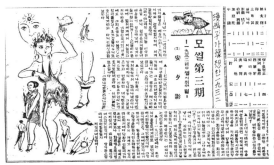

모걸 제3기.
(『조선일보』,
1932.1.12).

제 삼기의 파산기를 훨씬 넘어서고 있는 것"[13]이라는 극단적 진술까지 서슴지 않는다. 자본주의가 미처 시작되지도 않은 조선의 거리에 등장한 모던 걸의 모습은 '왜장녀'의 그것일 따름이며 그들이 유행시키는 외투와 여우털 목도리, 칠피 구두, 백금반지는 그들의 타락한 내면을 반영하는 대상물로 전락한다. 그러나 문제는 그 타락으로 일관된 듯한 모던 걸의 외양이 남성의 욕망과 시야를 자극하고 매혹한다는 데 있다.

모던 걸에 대한 남성 필자들의 담론은 부정과 매혹을 동시에 내포하고 있다. 모던 걸의 존재는 그 정체 모름으로 인해 매혹적인 것이 된다.

요즈음 서울의 거리에 신여성의 내왕이 벗적 느럿다. 그 중에도 잇다금 양(洋)비단의 흘란한 색채와 문의로 시중의 주목을 낫글면서 압도적 '에로'를 방산하고 지나가는 정체 모를 여인들 하고 거리에서 마조칠 수 잇는 영광이여! 정체

를 모르는 데 고아한 맛이 잇거든 아모튼지 신앙은 무지에
서 생긴다(로아, 「새로운 경향의 여인 점경」, 『별건곤』 34,
1930.11, p.92).

서울 거리에서 관찰자의 눈에 포착된 17~18세 여성은 깡
총한 두 종아리 아래로 실크 스타킹을 신고, 굽 높은 구두를
신은 트레머리 여성이다. 여학생으로 보이는 그 여성에 대해
필자는 아무 것도 알려하지 않는다. 그의 매혹은 '정체 모름',
즉 무지로부터 오는 것이기 때문이다. 신여성은 외양을 통해
자신을 대변하기 시작한 최초의 존재가 된다. 가문이나 신분,
학력이나 직업을 알 필요 없이 단지 외양의 아름다움과 현란
함, 부딪침에서 오는 찰나의 미를 향유할 수 있는 존재. 그것
이 거리의 새로운 '에로'의 대상으로 발견되는 신여성이다.

모던 보이를 바라보는 담론들이 그 경박성과 사치성을 비
판하는 한편, 소수이지만 참신한 감각에 대한 지향이라는 논
리로 이를 인정해 주는 것처럼, 모던 걸에 대한 담론 역시 대
다수의 부정과 함께 일말의 긍정론이 제기되기도 한다.

모던걸! '해방된' 현대적 색씨. 한가지 의미로 보면 그들
은 왼갓 묵은 것으로부터 해방은 되엿스나 그럿타고 아모런
새론 것도 갓지 못하고 다만 양장과 부평초 가튼 아조 무정
견한 것과 사람 홍분식힐 미(美)를 갓고 잇슬 뿐이다. (중략)
또 한가지 의미로 보면 그들은 왼갓 묵은 것으로부터 해방

되고 그리고 새로운 창조의 도정에 잇는 것이다(성서인, 「모던 처녀-모던걸·모던뽀이 대논평」, 『별건곤』 10, 1927.12, p.117).

　모던 걸은 모든 것으로부터 해방되었으나 아직 아무런 새로운 것도 갖지 못하고, 외모의 새로움만 추구하는 존재라는 인식과 함께 온갖 묵은 것으로부터 해방되어 새로운 창조의 도정에 있는 존재로도 이해된다. 현재의 모던 걸은 경박하게 새로운 외모만을 추구하지만 그들이 제2의 의미를 갖게 될 때 참된 진보의 가능성이 생길 수 있다. 이처럼 모던 걸에게는 사치스럽고 향락적이며 부도덕하다는 일반인의 담론 저편에 그들이 기존의 질서를 깨뜨리고 누구보다 먼저 근대를 호흡하며 살아가고 있다는 동경과 기대가 자리한다. 그 가운데 특히 신여성의 단발 문제는 모던 걸에 대한 긍정과 부정의 양가성이 첨예하게 부딪치는 영역으로 등장하게 된다.

히사시가미와 단발, 퍼머넨트

    단발은 근대적인 개념의 신체를 형성하는데 있어 남녀 모두에게 큰 변화를 가져온 사건이다. 남성의 경우 단발은 을미개혁 이래 강압적으로 이루어졌으며, 중세적 질서의 붕괴라는 엄청난 파장을 가져왔다. 상투는 유교와 정감록에 매개되어, 종교적이고 신화적인 성격을 갖는다.[14] 따라서 상투를 자르는 행위는 신화 중심 사회에서 이미지 중심 사회로의 변모를 뜻한다. 단발 체험이 1930년대 후반 가족사 소설에서 주요 모티프로 등장하는 것도 이 때문이다. 김남천의 「대하」, 이기영의 「봄」, 한설야의 「탑」, 이태준의 「사상의 월야」 등에서는 개화기를 배경으로 소년 주인공의 성장을 그리면서 공통적으로 단발이라는 사건을 다루고 있다. 그것은 아버지로 대표되는 기성세대에 대한 반항이나, 붕괴되어 가는 가족 제도로부터의 이탈을 뜻하기도 하고, 새로운 것, 서구적인 것에의 동경을 의미하기도 한다. 어쨌든 성장기의 주인공에게 있어 단발은 새로운 삶을 향한 출사표와 같은 것으로, 그들은 이제껏 길러온 머리카락을 잘라버리고 용감하게 가출을 결행한다.

남성의 단발이 강제적이었던 까닭에 그것을 배척하는 논리는 반일 정서와 연결되기도 했다. 하지만 노일 전쟁 중 '진보회'의 영향 아래 단발은 유행으로 정착되었으며, 1930년대에 와서 단발은 더 이상 패션의 의미를 갖지 못하게 되었다. 이후 유행은 모자와 머리 스타일로 대체되고, 상고머리부터 하이카라 머리, 오부 삼부 머리, 올백 머리, 지진 머리를 거쳐 장발에 이르기까지 변모된다.[15]

한편 여성의 머리 스타일에서는 먼저 히사시가미가 새로운 유행으로 등장한다. 『무정』에서 기생인 영채가 이형식을 찾아오는 장면에서 그녀는 여학생처럼 히사시가미를 하고 나타난다. 앞머리를 불룩하게 빗어 올리는 스타일인 히사시가미는 이태준의 『사상의 월야』에 따르면 동경 유학생인 윤심덕이 방학 중 모국 공연에서 최초로 선보인 것이라고 하는데, 1910년대의 여학생들을 중심으로 크게 유행한다. 여학생의 머리는 이후 트레머리로 바뀌어 오랫동안 이어진다.

여성의 단발을 둘러싸고 수차례 토론이 벌어졌지만, 여성에게 단발은 그 자체가 전위적인 패션 행동이었다. 더욱이 사회적으로도 단발랑들은 관심과 호기심의 대상이었다. 단발랑을

미행하여 그 정체를 밝
히는 잡지기사가 홍밋
거리 삼아 등장할 정도
이다.

　오른편 엇던 큰집
행랑 가른 데로서 엇
던 신식 여자 두 분이
손목을 마조잡고 나서
것다 눈치 빠른 C는
언제 보앗든지 내 녑
구리를 뚜러지게 꾹 찌
르며 '엑크 단발미인!'

(위) 히사시가미 스타일. (아래) 트레머리 스타일.

하고 거름을 멈추면서 나더러 보라는 듯 은근히 숙을한다
(중략) 우리 뒤에 오든 사람들도 언제 보앗든지 발서 '단발
양! 단발미인!'하고 서로 주고 밧고 떠든다 압흐로 오든 사
람들도 '꽁지 빠진 병아리 갓다'느니 '송락 쓴 여승 갓다'느
니 별별 해괴한 수작이 다 들니인다(복면자, 「경성 명물녀
단발낭 미행가-아모리 숨기랴도 나타나는 이면」, 『별건곤』
2, 1926.12, pp.69~70).

　단발 여인들은 단지 거리를 걷는 것만으로도 만인의 이목
을 끄는 초점이 된다. 사람들은 단발낭이 지나갈 때마다 서로
의 옆구리를 찌르며 '단발미인'이라고 소곤거린다. 아이들조

차 그녀들을 놀려댄다. 단발만으로 '미인'이라는 수식어가 붙는다. '양장미인'이라는 단어가 그러한 것처럼 그들은 짧은 머리를 획득한 것만으로도 화제와 서사의 초점이 되기에 충분한 '미인'이라는 칭호를 얻는 것이다. 사람들은 그 뒤를 따르며 그들이 얼마나 소비 향락적이며 퇴폐적인지를 보고하고 기록하며 만족해 한다. "아무리 감추려 해도 숨길 수 없는 이면"이란 처음부터 단발랑이 아니라 관찰자 측에서 마련한 결론이었다. 단발랑을 발견해 그 뒤를 미행하기만 하면 그들을 무위도식 방탕한 모던 걸로 손쉽게 매도할 수 있었다. 여성의 단발문제를 바라보는 남성 혹은 일반인의 시선엔 이미 이데올로기적 편견이 가로놓여 있었던 것이다.

여성 단발을 둘러싼 논쟁 가운데 찬반론을 대표하는 의견은 대체로 다음과 같다.

가편(可便) 김활란(金活蘭) : 제일에 단발은 위생상으로 보와 좃슴니다. 우리 여자들은 신식이나 구식을 물론하고 모다 머리를 쪽지는 까닭에 그 쪽이 뇌(腦)를 눌너서 정신에 좃치 못한 영향을 줌은 물론이고 머리에 항상 때가 끼는 까닭에 의복이 드럽기 쉽고 냄새가 또한 좃치 못하야 자기자신으로부터 유아에까지 해롭게 되는 일이 만슴니다. 제 이는 시간상으로 보와 퍽 경제가 됨니다 제 삼으로 단발은 미적방면으로 보와서도 좃슴니다 제 사는 단발은 세계대세에 순응하는 것임니다 제 오 단발은 여성해방에 유일한 조건으로 생각합니다.

　부편(否便) 정종명(鄭鍾鳴) : 단발하는 여자들의 말을 드르면 첫재의 이유는 여자가 해방운동을 하자면 먼저 형식부터 일신하게 개혁을 하여야 될 터이닛가 무엇보다도 먼저 단발을 하여야 된다고 합니다. 그러나 그것은 자기만 생각하는 것이지 결코 조선전체의 사정을 모르는 것으로 생각합니다 둘재에 단발은 시간이 퍽 경제가 된다고 합니다. 그러나 그것은 장발이나 단발이나 자기가 하기에 달이엿지 장발을 한다고 꼭 시간이 랑비되고 단발한다고 꼭 시간이 경제되는 것은 안이올시다(「남녀토론-여자 단발이 可한가 否한가」, 『별건곤』, 1929.1).

　『별건곤』이 주최한 여자 단발에 대한 토론에서 단발이 옳다고 주장한 사람은 김활란으로, 스스로가 단발 여성임을 밝히며 단발이 위생적, 실용적, 미적, 경제적이고 세계 추세이기 때문에 옳다고 정리하고 있다. 이러한 김활란의 주장은 비슷한 논지로 여러 잡지에서 반복된다. 김활란은 묶어 올린 긴 머리에 비해 단발은 씻기에 용이하다는 점에서 위생적이라고 주장한다. 당시 여러 기사들에서는 주부로서 단발한 여성이 단발을 통해 얼마나 쉽게 일을 할 수 있는지를 밝히는 수기들이 자주 게재됨으로써 단발의 실용성을 보여주기도 했다. 허정숙은 자신의 단발 체험기를 통해 "이제까지의 여성의 미! 이것은 부자연한 가운데에서 여성의 인권을 무시하고 여성의 순진한 미의 가치가 업는 일종의 인간해를 욕입은 노예적 정신미 엿습니다"[16]라고 밝히고 있다. 여성의 장발이란 노예적 정신의 미에 불과하며 남성 지배의 이러한 보수적 유산으로부터 벗어나 참된 자기의 개성과 미를 살리기 위해 단발해야 한다고 소리 높여 외치고 있다. 이처럼 단발은 위생과 실용성, 평등성이라는 측면에서 주목을 받아왔다.

단발을 부정하는 측의 의견은 단발이 경제적이고 미적이며 실용적이고 평등사상을 드러내는 세계적 추세라는 찬성측 의견을 반박하는 방식으로 전개된다. 단발이 경제적이라고 하지만 그것은 사람마다 다르다, 단발이 미적이라고 볼 근거도 없다, 단발이 평등사상을 드러낸다는 것은 외적인 면만을 강조하는 얄팍한 사상이다, 실제 단발랑의 모습은 얼마나 사회와 동떨어진 것인가 등등…… 그들의 주장은 장발의 미적 면모나 실용성을 강조하는 것이 아니다. 장발을 옹호하지 않고 단발을 부정한다. 즉, 단발은 허영에 찬 신여성이 내세우는 외화의 한 면모일 뿐 주의나 사상을 가진 것이 될 수 없으며 단발랑들의 부도덕은 단발을 부정할 근거가 된다는 것이다.

단발이 아니라 단발랑이 부정된다. 단발랑은 미행을 통해 관찰되고 계보를 따져 그 외양과 사상의 불일치를 고발당해야 할 대상으로 전락해 버린다. "강향란은 제법 쇠똥머리꼴이 되얏튼걸 또 丁七星은 아주 깍근 줄도 모르게 감쪽가티 길럿데 여자의 단발이란 남자와 가티 영구덕 단발이 안이라 엇던 경우에 딸하 림시덕 단발인가봐"[17]처럼 단발랑들은 그 이름이

밝혀지고 추적되어 그들의 부도덕성이 낱낱이 들먹여지면서 여지없이 단발을 이유로 조롱당하기에 이른다.

　　단발낭들의 긔풍을 보면 결코 단발은 사랑뿐만을 위하야 하는 것이 만흐며 구미각국에 단발이 류행하고 양장에 쓴 단발이 어울니는 이 세태에 와서는 단발이 결코 어려운 일이 안이요 생명을 자르느니만큼 쓰린 일이 되지는 못한다. 무엇보다도 단발한 녀자가 그 남자와 평생을 가티하기커냥 일년의 사랑을 지탱하지 못하는 력사를 거듭 볼 때에 단발노써 굿세인 사랑의 표증이라고 보기는 곤란하다(長髮散人, 「斷髮女譜」, 『별건곤』 9, 1927.9, pp.75~77).

　여성 단발은 원래 한 사람에 대한 굳센 사랑의 징표로서 단지(斷指)와 함께 행해졌던 것이었다. 그러나 강석자, 이월화, 김명순, 최성해 등 기생, 여배우 출신 단발랑들의 부도덕이 보

방황하는 전발
(『조광』, 1939.12).

고되면서 절개의 징표로서의 단발은 우스꽝스러운 희극으로 받아들여졌다. 단발랑의 부도덕성에 대한 인식은 주의에 입각한 단발까지도 희화화한다. 위생과 실용의 필요에서 제기하지 않는 단발은 경박성의 기표로 환기될 따름이다. 이에 따라 단발의 문제는 단지 머리형의 변화와 관련되는 담론으로만 남지 않는다. 그것은 단발랑, 즉 모던 걸 일반의 문제로 화하며 그들이 나타내는 사치성의 기호학에 재편된다.

새로운 '미'의 도입이라는 관점에서 1937년부터는 퍼머가 유행하기 시작한다.[18] 퍼머에 대해서는 단지 '미'라는 것 이외의 긍정적인 면을 찾아보기 어려운데, 이는 단발과는 다른 반응이다. "머리를 찌찌고 꼬부리고 하는 파마넨트가 요새 문제되어 잇습니다만 엇쨋건 '외래의 이상스런 풍속을 숭내내지 말자'하는 소리는 결국 이 파마넨트를 은연중 배척하고 잇습니다. 우리의 자랑은 윤기가 흐르는 검은머리입니다. 외국 사람이 하는 것이라고 흉내내는 이 파마넨트 웨이브의 피해는 주목할 만 합니다"[19]라는 비판이 대부분이다. 그러나 여성의 단발과 퍼머는 '미'의 기준에서 이상적인 여성 신체의 변모를 짐작케 한다. 이효석이 머리를 자르고 파마넨트를 올리고 온 자신의 아내를 바라보며 참신하고 생동감 넘친다는 느낌을 받은 것이나, 김기림이 단발 여성에게서 모더니티를 대표하는 미를 발견했다고 말한 점이 이를 암시한다.

'뽑브'(단발)는 '노라'로써 대표되는 녀성의 가두진출과

해방의 최고의 상증입니다. '호리즌탈', '씽글컷트', '뽀이쉬
컷' 등 단발의 여러 모양은 또한 단순과 직선을 사랑하는
근대감각의 세련된 표현이기도합니다(김기림, 「미쓰·코리아
여 단발하시오-단발과 조선 녀성」, 『동광』, 1932.9, p.199).

단발을 근대의 최고 상징으로 제시한 김기림은 그 속에서
"단순과 직선을 사랑하는 근대 감각의 세련된 표현"을 발견한
다. 단발한 여성에게서 최고의 모더니티를 발견하는 것은 김
기림에게만 특징적인 것은 아니다. 가령 이상의 「단발」이나 「
동해」와 같은 작품에서 단발한 여성이 등장하고 그들이 주인
공에게 매혹과 공포를 불러일으키는 존재로 형상화된다는 점
이 지적될 수 있다.

장발이 칭송이나 옹호의 대상이 되지 못하는 것처럼 단발
그 자체는 비판의 대상이 될 수 없다. 단발은 단발랑의 사치와
허영이라는 측면에서 비판된다. 따라서 단발랑에서 기원한
'모던껄'은 히사시가미든 트레머리든 파마넨트든 모든 신여성
의 허영과 사치를 둘러싼 기호로 장식되어 있다. 그 사치성의
측면을 대변하는 또 다른 신체 이미지는 백금반지이다. 황금
과 육체의 신화에 아로새겨진 이미지. 그것이 단발랑을 둘러
싼 담론적 비판의 핵심에 가로놓인 것이다.

황금의 기호학, 사치의 수사학

　식민지 경성의 모던 걸에 대한 비판은 그 사치성에 중점이 놓인다. 일본 화장품을 좋아하는 공립고등여학교 학생이나 양품을 좋아하는 이화나 배화의 여학생들을 향해 동아부인상회의 점원이 "이것을 진보향상이라 할는지 또는 무엇이라고 할는지요"[20]라고 비판하거나, "배운 여자는 일개 사치품"[21]이라는 말이 공공연히 내뱉어질 정도이다. 신여성의 사치는 다음과 같이 묘사된다.

　　대학졸업생 거지 반이 취직을 못 하야 거리로 방황하는 여긔에 여자들은 치마 한 감에 삼사십 원 양말 한 켸레에 삼사 원 손가락에 끼인 것만 해도 이삼백 원 머리에 꼬진 것만 해도 오륙백 원 얼골에 칠하는 것 중에 분갑만 해도

아츰 분 낫분, 밤분 해서 사오 원 머리만 지지는 대도 일이
원이라 하고 초가집을 나서서는 오든 길을 또 가고 가든 길
을 돌처서서 대활보로 거러가는 것이 소위 요사이 모던-껄
이다(안석영, 「어듸서 그 돈이 생길가──日─畵 5」, 『조선
일보』, 1930.4.8).

거리거리에 거지가 넘쳐나고 대학 졸업생 대부분이 취직조
차 하지 못하는 열악한 식민지 경제상황에서 모던 걸들은 삼
사십 원 하는 치맛감에 삼사 원 하는 양말에 이삼백 원 하는
보석반지와 사오 원씩 하는 화장품, 일이 원 하는 머리모양으
로 사치를 부리고 초가집을 나선다. 이러한 차림새로 거리를
방황하는 여인들을 '스튜릿트껄'이라 지칭하면서 사람들은 그
들이 거리를 방황하기만 하는 것이 아니라, 그 사치를 유지하
기 위해 밀매음을 하고 있을
것이라고 추측하기도 한다. 사
치는 허영일 뿐 아니라 방종이
라는 점에서 비판의 대상이 된
다. 이러한 신여성 사치의 핵
심적 기표로 나타난 것이 금니
와 십팔금 손목시계, 다이아몬
드 반지이다.

황금 손목시계와 보석반지
는 신여성의 사치성을 단적으

모-던 껄의 藏身運動-街上所見 1
(『조선일보』, 1928.2.5).

로 드러내는 대상이다. 근대가 시간에 대한 이해 방식의 변화로부터 기원한다는 점에서 시계는 상징적인 근대성의 한 부분이 된다. 즉 이전의 시간이 자연의 리듬에 따른 주기적인 것으로 발전이나 진보와 무관한 순환성을 가졌다면, 근대 이후 시간은 계산 가능하고 축적 가능한 것으로 인식된다. 근대 사회에서 시간은 곧 돈이며 아껴야 하고 지켜야 하며 정확하게 측정되어야 할 어떤 것으로 존재한다. 이런 의미에서 시계는 측정 가능한 시간, 자본처럼 소중해진 시간을 의미하는 물건이다. 그런데 신여성들에게 있어 그 시계는 측정 가능한 시간이라는 의미보다는 십팔금의 번쩍임에서 의미를 갖는다.

> 요새 여학생들은 빈자리를 두고도 전차 빼취에 걸터안기
> 를 실혀한다. 그 이유는 곱게 대리여 입은 '스커트'가 무참
> 히 구길 념려도 잇겟지마는 그보다도 일층 중요한 이유가
> 잇스니 왈 설백한 팔목에 동인 십팔금 완권시계 때문이다.
> (중략) 이 몹시 괴로운 금시계의 유무는 여학생의 자격을 말
> 하리만치 중요한 지위에 잇다. 즉(卽) 금시계가 업시는 여학
> 생으로써의 자격이 업는 듯하다(양백화, 「여학생과 금시계-
> 수감수상」, 『별건곤』 10, 1927.12, p.79).

여학생의 자격을 논하리만치 중요해진 십팔금 시계를 조롱 섞인 눈으로 바라보면서 필자는 이웃집 여학생이 금시계를 사는 바람에 경제적인 어려움에 봉착하고 말았다는 이야기를 들

려준다. 집안을 파산으로 몰아넣는 한이 있더라도 가져야 하는 금시계는 여학생들만이 누릴 수 있는 사치의 기호로 형상화된다. 가치 있는 장신구로 몸을 장식하고 전차에 일부러 서서 그 팔목에 찬 금시계를 보임으로써 자신의 가치를 드러내는 여학생의 존재는 과도한 사치의 이미지를 집약한 것이다.

금시계의 기호학은 남성 외양의 사치성을 드러내는 데에도 작용한다. 이 경우 가짜 금시계를 가진 존재가 그 허영에 입각해 조롱당한다. 가령 박태원의 소설 「천변풍경」에서 오금짜리 가짜 금시계를 진짜 십팔금 시계인양 대중 앞에 자랑스럽게 꺼내 보이는 '포목전 주인'은 그 허영과 가식적인 태도 때문에 이발소 소년 '재봉이'의 주된 관찰 대상이 된다. 분에 넘치는 십팔금 시계를 무리하게 사거나, 십팔금이 아닌 것을 그런 양 가장하는 태도는, 모두 신체에 자본을 새기는 행동으로서 어떤 식으로든 비판적인 시선을 벗어나지 못한다.

한편 다이아몬드(금광석) 반지는 조일재의 신소설 「장한몽」 이후 지속적으로 황금의 수사학을 대표해 왔다. "수일씨 가지 마세요.", "놔라, 김중배의 다이아 반지가 그렇게 좋더란 말이냐?"라는 신파조 대사로 기억되는 이수일과 심순애의 사랑에서 이별의 원인으로 제시되는 것이 사랑이냐, 다이아 반지냐이다. 다이아 반지는 인버네스와 함께 악역 김중배의 전위패션을 드러내는 장치로 거창하게 묘사된다. "여러 사람 안자잇는 가운데로 지나갈 때에 그 손 넷째손가락 무명지에 광채나는 물건이 잇는데 심상치 아니하고 그 군센 광채는 등불빗과 한가지로 찬란하야 거의 바로 보기 어렵도록 눈이 부시다.”
바로 볼 수 없을 정도로 눈부시게 찬란한 빛, 손가락에 낀 다
이아반지야말로 화폐와 바로 교환될 수 있는 신체 장식이며
또한 신체의 가치를 육화할 수 있는 장치이다.

> 자리 속에서나 길거리에서나 밥상머리에서나 사나희의
> 가슴속에서나 노래 불르는 ‘따이아몬드!’ 사나희들은 ‘늬그
> 로’에게 쉬집을 가는 여자가 잇다 해도 말릴 수업지만……
> 화성으로 쉬집간다는 것은 장려하지 안흐면 안될 일! 따이
> 아몬드 신(神)이여 서울의 여자의 눈을 따이아몬드 눈으로
> 밧굴 수는 업는가?(석영생, 「화성에 출가, 이 땅에 사나희는
> 실혀요-서울행진」, 『조선일보』, 1928.11.4)

다이아몬드는 변하지 않기 때문에 결혼이나 약혼의 예물로
사용되어 왔다. 그런데 그 반지 때문에 변하지 않아야 할 사랑
이 깨어진다는 점은 아이러니다. 사랑의 증표로 다이아몬드를
요구하는 경성의 신여성들은 사랑과 다이아몬드 반지의 순서
를 역전시켜 다이아몬드 반지만 사준다면 누구에게라도 시집
을 가겠다고, 누구라도 사랑하겠다고 공언하는 존재가 된다.
사랑이 무가치해졌을 때 다이아몬드 반지와 교환되는 것은 당
연히 “눈썹 길고 입술 붉은 서울의 여자”의 정조 또는 신체
그 자체가 될 것이다. 신여성의 신체는 다이아몬드 반지에 대
한 지향을 갖는 순간부터 자본의 도구로 전락해 버린 것이다.

'스틱껄'이야 간판 붓치고 해먹지는 안엇지만 조선에도 잇섯다고 볼 수 잇고, '마네킹껄'은 협찬회의 소개로 구경도 하엿지만 박람회에서 '키스껄'이 생길 줄은 뜻밧기다(「'키스껄'의 出現」, 『조선일보』, 1929.9.22).

여보서요, 돈이 잇서야해요! 당신은 늘 S의 내외가 지내는 것을 말슴하지만 그의 남편은 이달에도 '따이아몬드' 반지에 진짜 '하부다이' 겹양산에 순칠피 구두에– (중략) 하여 사나희의 수염터가 깔죽깔죽한 뺨을 한번 어루만저주며 헤죽 우서주는 것이 조선의 '모던–껄'이다. 이것을 '핸드–껄'이라는 일홈 외에 더 조흔 일홈이 잇드면 지워보아도 조타(안석영, 「핸드·껄–도회풍경」, 『조선일보』, 1929.6.4).

다이아몬드 반지와 황금 손목시계를 위해 자신의 신체를 파는 여인들은 다양한 이름을 갖는다. 키스를 파는 키스 걸, 모던 보이의 산책에 동행이 되어 주는 스틱 걸, 새로운 의복을 대중 앞에서 입어보이는 마네킹 걸, 길거리를 오가며 아는 남자를 낚는 스트리트 걸 그리고 남자가 할 모든 사소한 일들을 대신해 주는 핸드 걸에 이르기까지, 신여성들은 다이아몬드 반지, 그 사치의 기표를 손에 넣기 위해 스스로를 남성의 소유물로 만들어간다. 다이아몬드 반지를 얻기 위해 그들은 스스로를 남성의 욕망 앞에 노출시키며 성애의 대상으로서 신체를 극단적으로 이용한다.

노출을 둘러싼 몇 가지 소란

근대 초기 경성의 여인을 찍은 외국인의 사진에는 으레 이런 장면이 있다. 짧은 저고리, 긴 치마, 짚신을 신은 발, 무거워 보이는 가방, 그보다 더 무거워 보이는 아이가 여인의 드러난 가슴 위로 매달려 젖을 물고 있다. 초가집을 배경으로 찍은 사진 속 여인들은 무표정하다 못해 찡그린 얼굴로 아무렇지도 않다는 듯 가슴을 노출한다. 사진을 찍은 백인 혹은 사진을 보게 된 백인들은 이 '야만의' 조선인을 보며 즐거워했으리라. 사진이 던지는 메시지는 이러하다. "이 야만의 국가를 보라. 여인들은 길거리에서 아무렇지도 않게 가슴을 내놓고 까까머리에 못생긴 아이들은 어미에게 매달려 젖을 먹는다."

시간이 흘러 1929년 패션리더인 기생과 모던 걸들에게 짧은 저고리의 유행이 일어난다. "1)기생들의 앞머리가 점점 눈썹으로 나려오는고로 미구에 기생들의 눈을 못 보겠고 또한 우산이 죄어져 송이버섯만 해지고 저고리가 짜르고 치마허리가 내려가기만 하니…… 2)모던-

애교머리, 나팔바지(『조선일보』, 1929.9.8).

걸의 귀밑머리가 이러케 기러지고 저고리 앞섶과 치마의 아래위가 점점 조라드러 이러케 아름다운 부분을 내여놓고……"22) 여인들의 가슴은 다시 노출되기 시작하는데, 이때 노출된 가슴은 1910년의 그것과 다른 의미를 갖는다. 그것은 패션으로 발견된 최초의 노출인 것이다. 노출은 오로지 '문명'의 시선에 사로잡힘으로써만 호들갑스럽게 의미화된다. 1910년에 노출은 서구인의 소위 '문명화된 시선' 속에서 '야만'의 의미를 지녔으나, 1930년대에 이르러 그것은 '문명화된 시선'에 의해 소비되고 향유되며 패션이 된다.

　　불란서 소위 레뷰-영화(映畵)라는 '몽파리'가 동양에 건너오자 모던-뽀이 모던-껄의 신경을 마비식힌 동시에 미처 뛰게 하엿스며 소위 대중덕이라는 의미에서 그 천박한 영화는 도처에서 갈채를 밧엇다 (중략) 뽀일,불란사,은조사,아사,

당항라,등 거미줄보다도 설핏한 그 사읏사히로 움즉이는 모
던-껄들의 몸둥아리니 그들은 긔탄업시 큰길거리를 뻘거버
슨 몸으로 질풍 가티 쏘다니는 것이다(안석영, 「몽파리 裸女
-녀름 풍정 2」, 『조선일보』, 1929.7.27).

　여성의 노출은 패션으로 분류될 때 문제가 된다. 아이에게
젖을 물리기 위해 드러난 여인의 가슴은 아무런 문제가 없다.
프랑스 영화 「몽-파리」에 현혹되어 유행을 따르고, 외양의 세
련미를 과시하기 위해 노출이 하나의 패션으로 등장했을 때,
그 음란함과 천박함은 비판을 받았다. 신여성의 노출이 "짜른
목, 일자 어깨, 기다란 허리, 짧고 굽은 다리"를 드러내어 「몽
-파리」의 늘씬한 서양 미녀와 달리 '불구자에 가까운 체격'으
로 비춰진다는 말은 폭력적이지만 또한 진실이기도 했다. 서
양의 유행을 받아들이고 그것을 절대시하지만 외양에 있어 우
리는 그들과 너무나 달랐던 것이다. 미의 표준이 서양에 맞춰
져 있으므로, 신여성의 노출은 불구적인 것이 되고 만다.
　신여성의 노출이 아름답지 않다는 것만큼이나 그 노출에서
말초적 감각의 자극을 받는 것도 사실이다. 당시 경성 신여성
의 노출이 어느 정도였는지를 판단하기는 어렵지만 공공연히
가슴을 노출하는 수준이 아니었음은 분명하다. 그런데도 남성
들은 조금씩 짧아지는 저고리, 얇아지는 옷감에 가슴을 노출
하고 장딴지를 다 드러낸다고 호들갑스럽게 조롱한다. 벌거벗
은 기생의 모습이나 에이프런만 두른 웨이트리스를 그리면서

그들은 그런 노출을 즐기고 기대하고 있는 것처럼 보인다. 아이에게 젖을 물리는 아내를 늘 보면서도 조금 짧아진 신여성의 저고리에는 말초적 흥분을 느끼는 남성들의 이중적인 태도는 그것이 '미'를 목표로 행해진다는 이유로 정당화된다. 도덕적으로 합리화할 수 있는 것만을 '미'로 점유하는 태도가 노출을 둘러싼 담론 속에서 공공연히 펼쳐지는 것이다.

신여성의 노출에 대해 남성 필자들뿐 아니라 신여성 측에서도 비판론이 제기된다. 허영숙과 같은 신여성조차 "여름옷은 아모리 덥드래도 속옷 한가지만은 비쵸지 않는 감을 택할 필요가 잇슴니다"라고 비판하고 나선다.23) 단지 신여성의 어조는 남성 필자들에 비해 합리적이고 차분하다는 점만은 눈에 띈다. 허영숙의 비판은 예의, 위생, 미관, 경제라는 네 가지 의복의 목적 가운데 현재 신여성의 노출 의상이 가진 문제점을 차분히 지적하고 있다. 일반적인 조선 여성복이 "여름옷에 풀을 너무 세게 입"히는 것을 비판하면서, 신여성들의 의상이 내보이는 미를 "옷이 몸에 착 붙허서 몸이 움직이는 대로 옷이 물결을 쳐야 아름답지 안켓슴닛가"라며 긍정적으로 평가하기도 한다. 의복의 도덕적, 생리적, 미적 측면을 차분히 고찰하는 가운데 여성의 여름 의복이 가져야 할 요건을 지적한다는 점에서 허영숙의 비판은 남성 필자들의 호들갑스런 조롱과 무조건적 냉소와 다른 타당성을 드러낸다.

에로 그로 넌센스－퓨전의 서글픈 형상

노출은 관찰의 대상이 되었으며 에로의 풍경들은 하나씩 보고되고 기록되었다. 또한 그것은 그로테스크한 광경으로 명명됨으로써 조롱의 대상이 되기도 한다. '에로, 그로, 테로, 추로'라는 네 가지 돌림자를 창출한 담론들 속에서 노출은 그로테스크하며 추악하고 테러와 같은 폭력성을 가진 것으로 경원시된다.

육테미 백퍼-센트라고 하는 녀성 해수욕군들이 잇따금 둘식 셋식 누구의 속을 태워보려고 그러는지 해수욕복이 찌저질 젓가슴과 엉덩이를 흔들면서 슬슬 압흐로 지내갈 때면 현긔증이 나기도 하고 조금만 더 의지가 약하던지 수양이

부족하얏다가는 순사한테 잡히여갈 행동만(이동원, 「여름의
　　환락경-해수욕장의 에로그로」, 『별건곤』53, 1932.7, p.12).

　해수욕장에서 수영복을 입고 활보하는 신여성들의 모습은
아름다움이 아니라 추한 것, 매혹적이지만 부도덕한 것으로
인식된다. 즉, 그녀들의 노출은 강간과 같은 "순사에게 잡히어
갈 행동"을 불러일으키는 원인으로서만 관찰되고 기록될 따름
이다. 노출을 부도덕으로 간주하는 순간 에로와 그로는 같은
것이 된다.

　외양의 그로테스크는 노출의 패덕성 외에도 다양한 범주에
서 논의된다. 지방색의 형태를 띤 각종 괴풍속들이 잡지를 통
해 소개된다. 송락 쓰고 다니는 기생, 청나라 여자처럼 귀고리
를 한 평북지방 여인, 치마를 아니 입고 출입하는 평남 여인
등이 해괴한 풍속으로 기록되었는데,[24] 이는 하나의 문명 전
범을 바탕으로 한다. 기생이 농화장에 히사시가미를 하고, 여
학생들이 짧은 치마에 칠피 구두를 신은 경성인의 관점에서
그러한 여인들의 복식은 '괴풍속', 즉 야만의 그것이 된다. 지
방의 전통 복식을 야만 또는 그로테스크한 것으로 인식하는
문명의 시선이 개입한 것이다. 물론 이를 하나의 전통으로 이
해하는 시선이 이태준의 「패강랭」에 나타나기도 한다. 이태준
은 파시즘이 공공연해지는 시점에 쓸쓸한 마음으로 평양에 가
서 평양 여인들의 머리수건 쓰는 풍속이 사라진 것을 보고 마
음 아파한다. 하지만 그것은 1930년대 후반의 전통 담론 속에

신구꼴불견
(『별건곤』, 1933.7).

서 가능해지는 것으로, 문명의 담론, 서구의 담론이 지배하는 경성에서 지방색은 그로테스크한 면을 차지할 따름이다.

그로테스크는 서양 복식과 전통 복식을 어중간하게 겹쳐 입은 사람들에 대해 가장 신랄한 어조를 발휘한다. 한복 입고 부츠 신은 여인, 경대 앞에서 분을 발라대는 노파, 한복 입고 게다 신은 여인, 일본 옷을 입고 태극선을 든 청년, 속살이 비치는 치마를 입은 여인, 단발 양장에 아이 업은 여인, 갓 쓰고 뱃놀이 하는 노인과 쓰러져가는 초가집에서 나오는 단발 칠피 구두 신은 여인....... 1930년대 식자에게 꼴불견이라고 지적되는 이런 풍경들은 서구와 일본으로부터 근대 문명을 수입할 수밖에 없었던 식민지 조선이 가진 서글픈 현상 가운데 하나였다. 이광수의 「무정」에서 얼개화군 '김장로'가 반은 조선식, 반은 양식으로 꾸며놓고 살았던 집처럼, 일제시대 신여성들이 결혼의 제1 조건으로 내세우는 문화주택이 양식, 왜식, 조선식을 절충한 모습을 하고 있었던 것처럼, 식민지 경성인의 외양에도 온갖 퓨전의 양식이 자리하고 있는 것이다.

다른 측면에서 그로테스크 또는 넌센스로 관찰되는 것은 외양에서 남녀의 구분이 사라지는 현상이다. 여성과 남성의 외양이 변화하여, 여성은 단발에 안경을 쓰고 담배를 피

어느 편이 여자?(『별건곤』, 1930.9).

우는 반면 남성은 화장에 장발, 부드러운 말투에 실크스타킹을 신은 모습들로 묘사되기 시작한다.

> 근래에 에로-이니 그로-이니 하는 새말이 물을 건너 조선에 온 뒤로, 항용 녀자들의 차림차림이라든지 모든 게 말이 아니지만, 사나희의 얼골이 떡가루 속에 파무덧다 나아온 것 모양을 분(紛)이 케케로 안젓는 궐자가 잇다. 등뒤에서 여자의 기침소리만 드러도 멀리서 여자의 뾰족한 구두 뒷굼치가 땅에 부딪치는 소리만 드러도 몸 매무시를 고치고 넥타이를 매만지는 축이 잇다(안석영, 「1931년이 오면」, 『조선일보』, 1930.11.29).

필자는 외양의 구분이 사라져 남자가 길거리에서 파우더로 얼굴을 하얗게 할 날이 오지 않을까 걱정하지만 실제로 이미 우리네 남자들에게 화장은 보편적인 것이었다. 「춘향전」만 보

더라도 이도령은 춘향을 만나러 남원 광한루에 가기 전 분세수를 하고 여러 가지 치장을 했다.[25] 파마넨트 역시 마찬가지이다. 전발에 대해 부정하는 의견들이 많지만 실제로 남성들의 파마 역시 공공연히 행해지는 '모던풍' 가운데 하나로 자리하고 있다. 어떤 모던 보이는 모던 바람에 "머리를 지저서 넘실넘실 파문이 일게 하는 두발의 예술"을 시도하려 머리카락을 인두로 지지다 그만 태워먹은 이야기를 전하고 있기도 하다.[26]

허영과 실용의 경계선 – 여우털 목도리와 스틱의 수사학

황금 손목시계, 다이아몬드 반지, 양산과 함께 신여성들 사이에서 인기를 모은 대표적인 장신구로 '오페라빽'을 빼놓을 수 없다. 악어가죽으로 만든 '오페라빽'은 박래품으로, 신여성들이 화장품 등속을 넣어 다니던 자그마한 손가방이다. 이 가방은 7-8원이나 하는 고가의 일본 제품(和製品)이었기 때문에 사치품이라는 비난을 받았다. 또한 '오페라빽'의 크기가 커지자 쓸모도 없

(2)…行潦의日明
물녹 고흘라조 은것것빗도될 고외어버켜 관이엉을 하서요
모슬봉 고자쿠 쇠아벌 미림황 이련것슴넘데들 포홍물니
러이견홀의시벗이넘 린스가-녹나뿍 파할가조는비나니녀 더
지벗넛 가모롤이케카나온길 싸여게이돌은운롱 고커커

명일의 유행 2(『조선일보』, 1929.9.15).

65

가두풍경—털시대(『조선일보』, 931.11.24).

는 것이 크기만 하다는 조롱을 받기도 했다.

신여성의 장신구 가운데 가장 많은 논란의 대상이 된 것은 다름아닌 여우털 목도리이다. 여우털 목도리를 한 여성들은 예외 없이 사치스럽고 획일적이라는 이유로 비판을 받았다.

여우털 목도리가 걸려 있는 신여성의 목을 "지지리 못난 넉두리나 목구녕으로 내지르는" 아무 쓸모없는 것으로 매도하면서 그런 값어치 없는 목에 "사오십 원 이상" 하는 여우털 목도리가 걸려 있다는 사실에 분개하기까지 한다. "여우털이 아니면 목에 걸치지 않는 그 여우같은 마음"을 모르겠다는 것이다.[27] 한편 여성들의 여우털 목도리에 대해 심도 있는 이해를 보여주는 김기림의 수필에서 여우털 목도리는 경성이라는 저개발된 근대 공간이 가진 환상에 대한 친밀감과 갈등을 함축하는 것으로 묘사된다. 미적 환상과 덧없음의 패션 형식에 상응하는 근대의 상이한 양상, 즉 '모험'으로서의 근대와 '일상'으로서의 근대 사이의 본질적인 구분을 시사하고 있는 것이다.

그런데 만약에 봄이 갑자기 온다고 하면 한겨울 동안 귀부인들의 목에 정답게 감겨서 그들의 가슴 속의 심장의 고

동 소리를 혼자만 엿듣고 있던 그 행복스러운 여우들은 대체 어디고 가고 말까. (중략) 도시의 한 부인이 남편이나 정인에게 요구하는 한 마리의 여우가 이 농군들의 1년의 농사를 단번에 지어주는 것을 생각하면 이 부인들의 물산애용주의자일 뿐이 아니라 실로 빈민구제의 급선봉인 자선가이기도 하다. (중략) 결국 그 여우들은 장롱 속이나 전당포 창고 어드컴컴한 구석에서 쓸쓸한 이 봄을 맞을 것이나 그것들을 산에서 도회로 몰아 보낸 농군들은 지금쯤은 유치장에서 나왔는지 들었는지(김기림, 「여우가 도망한 봄」, 『조선일보』, 1934.3.3~3.5).

어느 날 경성의 봄 거리를 걷던 김기림의 시선에 문득 "누런 여우가 도망해 버린" 여자의 목과 그녀의 "바다빛 치마자락"이 포착된다. 그로부터 김기림은 그녀의 목을 장식하고 있는 여우에 대한 발산적인 사유의 모험 위를 달린다. 여우는 겨울의 유행을 주도한 "물산장려의 실적을 올린 최고의 공로자"로 먼저 그 자리를 채운다. 이는 곧 "이 유행의 덕분으로 모물장사가 여우의 고향인 함경도 지방에 쫙 깔렸"다는 사실을 환기하며 여우를 잡기 위해 산을 타고 올라가는 농부들에 대한 착상으로 바뀐다. 그들이 잡는 한 마리의 여우는 1년 농사에 맞먹으니, 이 부인들은 "물산 애용주의자 뿐이 아니라 실로 빈민구제의 급선봉인 자선가"처럼 여겨진다. 그러나 그 여우를 잡은 농군들은 곧 "시퍼런 수렵규칙 제3조에 걸려서 벌금 때문에 집을 팔고 소를 팔고 아내의 자봇기를 맞"고 유치장에 갇히는데, 이때 이들은 "장농 속이나 전당포 창고 어두컴컴한 구석에서 쓸쓸한 이 봄을 맞을" 여우들과 동일시된다. 여우털 목도리라는 패션이 가진 미적 환상은 유혹적인 것에서 생활 속의 덧없는 것으로 돌변하는데, 이에 따라 김기림은 여우털 목도리의 유행에서 유쾌함을 느끼다가 그 속에 숨어있는 생의 비애를 발견하곤 곧 우울해한다. 패션에서 유발된 그의 사유는, 미적 환상이 주는 유쾌함과 덧없음이 주는 우울함 사이를 거의 동시에 오간다. 패션에 대한 모험이 일단 일상으로 바뀌면, 그것은 비애에 찬 삶의 의미밖에 갖지 못하는 것이다.

여우털 목도리뿐 아니라 여학생들의 털실 목도리도 방한과 장식 용도로 유행하는데, 그 목도리의 색깔과 크기 때문에 다양한 논의들이 나타난다. '목도리냐 몸도리냐'와 같은 가벼운 수준에서 「여학생의 목도리 시비」에 이르기까지 사람들은 여학생이 두르는 자주색 목도리에 흥분하고 냉소한다.

　무어나 그러치만 의복도 미관과 실용의 두 가지 방면이 잇스니까, 여학생의 목도리라는 것도 이 두 가지의 효과만 잇고 보면 아모 문제는 업슬 듯 십습니다. 요사이 와서는 차차 길어가는 폐단도 잇지만, 대체로는 방한용으로 필요할것이요, 외관의 미로도 조켓지요(염상섭, 「신기만 조와하다가 여학생의 목도리 시비」, 『신여성』, 1924.4, p.138).

염상섭, 나도향, 안석주, 변영로 등 다수의 문인들이 참가한 「여학생의 목도리 시비」에서 대부분의 논자들은 그 목도리의 길이와 색채를 문제 삼아 비판을 가한다. 방한용이나 장식용으로서의 기능을 인정하는 논의도 보이지만, 대부분은 획일적이고 자극적인 색채와 "목도리가 걸어가는" 듯한 과도한 길이 때문에 비판적인 논조를 보인다. 쓸데없는 길이란 비실용적인 형태의 유행이 된다. 장식적 기능이 실용성을 넘어설 때 목도리 역시 여우털 목도리 못지않은 냉소의 대상이 되어 "어두운 밤에 도깨비 만난 듯이 몸서리가 난다"[28]는 담론을 만들어내는 것이다.

　목도리와 함께 논자들의 시빗거리에 오른 장신구 가운데 하나는 여학생 혁대이다. "어대서 누가 먼저 시작하엿는지 치마우에 널따란 혁대를 띄기 시작하더니 그것이 류행이 되"었다는 현상에 대해 염상섭과 같은 논자는 "원래 허리띠라는 것은 긴치마 늘이고 집에 잇다가 타지를 안코 길거리로 나오게 되면 허리띡로 동이거나 하고 장옷을 입든 이전 세월의 류행이 아닌가 합니다"[29]라고 비판한다. 몸에 붙는 짧은 치마를 입는 신여성들이 굵은 천으로 띠를 두르는 것은 미관상, 위생상 그다지 좋지 않다는 것이 대부분의 의견이다. 이 굵은 허리띠는 단지 허리를 잘록해 보이기 위한 산물일 뿐이며, 인체를 드러낸다는 점에서 소화 작용의 방해라는 위생상의 이유를 들어 비판당한다. 이 때문인지 굵은 허리띠는 곧 유행의 목록에서 사라졌으며, 여학생들의 전형적인 장신구 목록에서 자취를 감추었다.

칠피 구두와 여우털 목도리, 실크 스타킹과 허리띠가 신여성의 그로테스크한 외양의 일부로서 논의되는 동안에 스틱의 수사학은 모던 보이의 외양을 구성하는 허영의 일부로서 논의되었다. 그것은 나팔바지와 대모테 안경, 금시계와 캡처럼 낭만과 사치의 분위기를 환기하는 기표이다.

'스덱기'를 우리가 부르랴면 단장(短杖)이라고도 하고 또는 개화장(開化杖)이라고도 부른다. 이 두가지 일홈은전부 녯날에 집든「집행이」에 대한 새말이니 요새히 집는 집행이는 전일의 그것보다 짤븜으로 '단장'이라고 일컷는 것이요 (중략) 마음이 상쾌하야 발길이 어지러워질 때 단장으로 대지(大地)를 두다려 껄며 나아가는 것은 그야말노 감이놉다. 지상(地上)의모-든 것을 자긔의 형락권내(亨樂圈內)에 너헛다는 깃붐의 표현이 곳 그것이며 단장이 땅에 껄니는 소리조차 청춘의 행진곡으로 들닐 것이다. 더욱이 애인과 교외 산보를 나아갈 때의 집행이는 비밀 잘 직혀주는 길동모며 가장 뎨재 좃코 마음 든든한 호신구이다(이서구, 「스틱」, 『별건곤』 14, 1928.7, pp.43~44).

이서구는 수필 「스틱」에서 이전의 '지팽이'와 다른 '스틱'의 미학을 제시하고 있다. 스틱은 지팡이처럼 노인의 보족을 위한 도구가 아니라 새로운 청년의 활기와 향락을 위한 보조

품이다. 즉, 그것은 청춘의 흥취를 돋우는 산책의 필수품으로 말쑥한 여름 양복과 산보의 쾌감을 대변하는 것, 살아 있다는 생명의 기쁨을 풀어내는 표현물이다. 그것은 아름다운 여인과의 교외 산책에 필요한 것이며 향락과 에너지의 상징이다. 이처럼 모던 보이에게 있어 스틱이란 사치한 장신구로 표현되는 동시에 생명력과 청춘의 상징으로까지 제시된다. 필자는 하나의 '군물건'인 단장을 들고 다니는 모습에서 그 사람의 계급까지 알 수 있다고 한다. 가령 "팔에 거는 중에는 신문기자"이고, "사구라 몽둥이는 사회주의 관계의 절문 분들이 만히 집는 것은 누구나 잘 아는 류행"이라는 식이다. 스틱은 양복이나 캡, 나팔바지나 넥타이처럼 한 사람의 개성과 계급을 표현하는 매체, 즉 외양의 표본으로 제시된다. 장신구가 개성을 나타내고 나아가 존재를 환기하며 생명력으로까지 상승되는 시대, 그것이 패션의 힘이 지배하는 근대 경성의 풍경 가운데 하나인 것이다.

산보는 근대 도시가 도로를 정비함으로써 가능해진 풍속이다. 잘 닦인 도로는 문명국가의 기본으로, 우리나라에서도 개화기부터 끊임없이 반복된 요구 가운데 하나이다. 식민 지배를 통해 경성의 거리는 산책이 가능한 도로, 아스팔트의 거리로 만들어진다. 그 아스팔트 위를 스틱을 짚은 청년들이 걸어간다. 그들의 스틱은 아스팔트의 경쾌함을 반영한다. 산책과 아스팔트와 스틱, 그것은 모두 근대 문명이 침윤해온 경성이라는 식민지 공간의 서글프고 매혹적인 장면이 된다.

화장법과 미용 체조법 – 인위성의 신체미학

단발과 전발, 트레머리와 히사시가미 등 다양한 머리 스타일의 유행과 함께 머리에 바르는 화장품에 대한 광고를 손쉽게 발견할 수 있다. 특히 「모발미의 비결에 대한 박영도씨의 공개담」과 같은 여배우를 내세운 광고[30]는 모발의 영양에 대한 강조를 통해 건강과 미의 가치를 동일시하는 태도를 나타내고 있다. 이러한 태도는 물론 화장술과 미용법에 대한 담론들을 통해 가장 잘 드러난다.

　아모리 공력을 듸려 화장을 하여도 결국 좃타고 생각되는 것은 자연적 미다. 얼굴의 결점을 숨기고 아름답게 뵈려는 화장이닛가 눈썹을 그린다든지 연지를 찍는 것은 좃치만 자긔의 얼골을 생각도안해보고 눈썹을 식껌엇케 그리든지 사람이라도 잡어먹을 것 갓치 뵈도록 입살(脣)에다 잔뜩 연지를 칠하는 것은 얼골을 밉게 보일망정 결코 입부게는 안 보인다(「자연미의 화장법」, 『신여성』, 1926.6, pp.44~45).

　아름다운 화장이란 일반적으로 자연 그대로의 화장, 즉 자연적인 미를 드러내는 화장이라고 간주된다. 아무리 공력을 들여 화장을 하더라도 그것은 시간이 지나면 번들거려 오히려 추하게 보일 뿐이다. 생김새의 결점을 보완하는 약간의 눈썹 화장이나 가벼운 입술연지 정도가 추천되는 화장이며, 그마저도 손을 깨끗이 씻는다거나 손톱을 자주 깎는 행동에 비해 권장되는 사항이 아니었다. 화장보다는 청결과 위생을 요구하는 것이 화장법의 대부분을 차지할 만큼 화장이란 일반인의 인식에 거부감을 불러일으키고 있었던 것이다. 이는 여학생들이 사용하는 화장품의 값이 박래품의 경우 3~4원을 호가하고 있다는 점에 근거한 것이기도 하지만, 무엇보다 짙은 화장의 여인이 갖는 색정미와 관능미에 대한 표층적 혐오로부터 비롯한다. 따라서 식민지 시대에 화장법이라는 이름으로 등장한 담론들은 사실상 ‘화장부정론’의 형태를 띠고 있는 것이 대부분이다.
　화장부정론은 한편으로 화장하는 여인을 ‘인조물’로 취급하는 것으로 나타나는데, 이 인조물 창조로서의 화장이란 자신의 개성과 조화를 이루는 미를 창출하는 것이 아니라 유행을 무조건 추종하는 행태라는 점에서 비판을 받는다. 복장과 화장의 의의가 개성을 발현하는 것이라는 근대적 관점에서 볼 때 유행을 무조건적으로 추종하는 농화장은 "시대의 추이와 사조의 변천을 따라서" 달라진 "녀성미의 리상에 대한 표준"을 실질적으로 나타내지 못하는 것으로 인식된다. 근대 여성의 미 표준이란 "장식덕에서 실질덕으로 유약덕에서 강건덕으로, 노리개감에서 인격덕으로, 변천하얏다"고 판단되기 때문이다. 따라서 "불자연한 인공덕 외식(外飾)으로써 그 본질의 추악을 덥흐려 하지 말고, 그에다 소비하는 정력과 시간을 다른 방면에다 리용하야 기 실질덕 미를 도웁는, 톄육에 류의하고 운동에 렬심하라"[31]는 비판어린 충고가 공공연히 전파되었다.

1930년대에 화장술과 미용법은 화장 자체의 의미만을 가지지 않는다. 자연스런 담화장을 강조하는 화장술은 미용기술의 하나로 간주되는 동시에 건강미를 창조하는 요건으로서 다양한 담론들을 부가하고 있다. 그리하여 「현대 여성과 건강미」와 같은 글에서는 '미용비법공개'라는 부제를 달고서 "왜 살결이 거칠어지는가, 왜 살결이 검은가, 왜 여드름이 나는가" 등과 같은 피부 관리 문제 외에도 "왜 머리털이 빠지는가, 왜 볼의 살은 빠지는가, 왜 잠잘 때 이를 가는가" 등과 같은 생활 태도 문제, "왜 얼골이 빨개지나, 거짓말은 왜 하나, 왜 수집어 하나" 등과 같은, 언뜻 보아 미용법과 도무지 관련성이 없어 보이는 문제들까지도 다루고 있다.[32] 미용과 화장법을 소개하는 한편 의학적인 호르몬의 작용과 생활 태도, 도덕적인 심리의 문제까지 총체적으로 다룸으로써 미용과 건강, 호르몬과

도덕을 인과적으로 관련시키고 있는 것이다. 가령 '거짓말은 왜하나'라는 항목에서는 "이러한 천박한 생각을 토대로 하고 잇는 일업는 일을 뒤서거서 그 우에 공중누각을 짓는 것은 실로 참담하다 안이할 수 업슴니다. 그러니 각 개인이 정확하고 견고한 신념으로써 이러한 경향을 곳치기에 노력할 것임니다"라는 구절로 미용과 도덕심을 관련짓고 있다.

　　여러분은 아름다워지는데 두 가지 방법이 잇슴을 아십니까? 화장과 건강! 그럿슴니다. 더 좀더 아름다워지시려는 여러분께서는 먼첨 규측적 생활에서 오는 건강을 증진하게하고 마음으로부터 활달한 사지와 장미색 두뺨 그리고 빗나는 눈동자의 소유자가 되기를 힘쓰는 동시에 자긔의게 적합한 리상적 화장법을 획득하여서 천성의 결점을 보충하고 매력(魅力)잇는 조화된 화장법을 배우지 안으면 안될 것임니다(「신여성 미용강좌」, 『신여성』, 1931.10, p.80).

『신여성』지가 주최한 미용강좌에서 강사가 가장 중시하고 있는 것 역시 건강을 통한 천성적인 아름다움과 각자의 결점을 보충하는 적절한 화장술이다. 화장은 타고난 아름다움을 보완하는 역할만 하며 미를 위해 보다 중요한 요건은 건강으로, 무엇보다 규칙적인 생활이 강조된다. 불규칙한 생활 탓에 소화기가 건강하지 않으면 아무리 좋은 크림이나 비누를 쓴다 하더라도 흑색 피부와 잔주름을 피할 수 없다는 것이다. "주름살을 방지하는 최량의 방법은 건강과 마음의 행복을 엇기 힘쓸 것입니다" 어떠한 화장도 건강하지 않기 때문에 나타나는 추함을 가릴 수 없다. 생기 있는 아름다움을 가꾸기 위해서는 규칙적인 운동과 식사 조절이 필수적이고 자신의 피부 타입에 맞는 화장품의 선택도 중요하다. 이상적인 화장법은 자신의 피부 타입에 맞고 자신의 개성을 살리는 방향으로 가볍게 이루어지는 화장이며, 결코 진한 색조화장이 될 수 없다.

아름다움은 건강과 화장뿐 아니라 심리상태의 문제로까지 확대된다. 울분과 공포는 주름살을 가져오기 때문에 아름다움을 유지하려는 사람은 반드시 '보건적 생활'과 함께 '행복한 생각'을 가져야 한다. 행복한 생각이란, 필연적으로 당시에 통용되는 도덕적 규준과 함께 한다. 올바른 마음가짐으로부터 올바른 신체와 이상적인 미가 획득될 수 있다는 가르침이야말로 모던 걸을 둘러싼 지식인 비평가들의 도덕관과 연결된 이데올로기이다. 이는 '미인'이라는 외형적 개성의 가치를 인정하는 동시에, 내면의 아름다움이라는 허구적 가치까지 절대시하려는 모순된 인식으로부터 기원한다. 내면의 미가 곧 외면의 미로 나타난다는 인과율은 화장법 자체보다는 건강한 생활과 건강한 마음가짐을 강조하는 도덕적인 윤리의 형태로 나타난다.

그러나 그 인과율은 반대로 작용하는 경우가 더 많다. 때로는 외면의 미가 내면의 미를 나타내는 것으로 여겨지기도 하기 때문이다. 아름다운 여인은 건강한 육체와 정신을 가졌으며, 이에 걸맞은 적절한 화장법을 습득했기 때문에, 아름다운 여인으로 여겨질 수 있었던 것이다. 대부분의 여성지나 신문 잡지에 계절마다 화장법과 피부 관리법을 다룬 기사가 실릴 만큼 화장은 여성들의 보편적인 유행으로 정착되었다. 이를 잘 보여주는 글이 『신여성』의 「미인제조 교과서」이다.

> 몸치장은 실로 녀인이 가질 미덕의 하나이다. 순결하고 정직하고 우아하고 그리고 근대적 교양을 혼에 감추어 가진 새로운 여인에게는 언제나 그 용자(容姿)에 잇서서도 세련된 아릿다움과 청신한 이성과 그리고 고상한 기품과를 표현하고 잇다. 즉 자태의 미는 진실로 마음의 미다. 여기에 잇서 미인제조는 결코 허영의 산물이 안이다(「미인제조 교과서」, 『신여성』, 1931.6).

미인은 창조된다기보다는 가공되는 것임을 밝히면서, 이 글에서는 "미란 곧 문화가 만드는 것"이라는 논리를 개진한다. 또한 "몸치장은 여성의 미"라고 말함으로써 당시 지식인들이 가진 화장 비판론을 뛰어넘고 있다. "정신의 미가 외모의 미를 결정한다"는 논리를 넘어 "자태의 미가 곧 마음의 미"라고 주장한다. 그것은 '인형화된 미'와 '제조된 미'의 구분에서 출발한다. 진정한 아름다움이란 근대적 교양을 가진 이의 아름다움을 가리키며, 이는 '제조된 미'이다. 반면 '인형화된 미'는 개성적이지 못한 아름다움을 가리키며, 여기에는 정신미가 결여되어 있다. 정신미의 최대 요건으로는 순진한 정조, 고상한 사념, 용감한 덕행, 건강 등이 요구되는데, 이런 내면의 미가 나타나는 것이 곧 외형미이며, 외형을 가꾸는 일은 내면미의 발현으로 해석된다. 아름다운 여인은 아름다운 마음가짐을 가졌을 것으로 으레 믿어졌으며, 그 때문에 아름다운 여인으로부터 배반당한 남성들은 그 외모의 아름다움과 상반된 내면의 추악함이라는 논리로 부도덕한 신여성의 행태를 비판하는 데 열을 올린다. 이광수의 「재생」에서 아름다운 순영에게 배반당한 봉구가 부르짖는 복수의 다짐은 「장한몽」 이래로 지속되어 온 하나의 외침이기도 하다.

미용법이 화장법이나 피부 관리법만을 의미하지 않는 것처럼 '미인' 역시 아름다움 자체만을 의미하지 않는다. 미인은 화장을 통해 만들어지는 동시에 사건과 서사를 통해 만들어지는 대상이다. 가령 「미인 제조 비법 공개」라는 제목의 기사에서는 「인류학적 미안-자연 미인 제조 비술」과 함께 「엉터리 업시 만드러내는 신문기자의 미인 제조 비술」, 「아모라도 절대 미인으로 보히는 여우(女優)화장법의 비술」 등이 병치되어 있다. 먼저 「자연 미인 제조 비술」이라는 글에서는 미인을 "인공적으로 제조할 수 있는 것"으로 간주하면서도 그 한계를 인정한다. "글자그대로의 참말 미인"을 필자는 "사람 천연의 미를 잘 나타내일" 비례치로서 제시한다. "키는 두부(頭部) 전체의 기리의 팔배(八部) 얼골 기리의 십배, 얼골은 머리 난 데서부터 눈썹까지 눈썹에서 코밋까지 코밋에서 아래턱까지가 갓(等分)고, 안면은 손바닥과 기리가 갓고, 두팔을 벌려서 그 기리가 키와 갓다"는 식이다. 이는 서구식 인체비례를 나타내는 것으로 이에 따르면 조선의 신여성은 불구의 신체를 가진 것으로밖에 인식되지 않는다. 따라서 조선 여인의 신체적 결점은 한복 저고리를 짧게 하는 식의 의복맵시로 보완해야 할 대상이 된다.

이러한 자연 미인론과 달리 신문기자가 만들어내는 미인제조 비법에 따르면 미인이란 곧 사연을 가진 여인이 된다.

> 언제 어느 때 누가 시작을 햇는지는 모르나 엇젯든 절문 녀자가 죽엇다고만 하면 의례히 묘령미인으로 삼아바린다. (중략) 자살미인 외에는 또 품행을 올케 갓지 못하는 녀자 대개는 련애관계 치정관계에 껄녀드는 여자는 닥치는대로 미인을 맨드러 버린다. 본부를 죽인 여자는 대개 미인으로 삼는다. 처녀의 몸으로 동리 남자와 정을 통하야 시집간 지 삼사 개월만에 아해를 낫코 쫏처왓다면 의례 미인을 맨든다. 남편이 오래동안 나아가잇는 틈에 동리사람과 눈이 마저서 아비 모르는 자식을 낫코 동리가 창피하야 나흔 자식을 눌너 죽엿다면 미인을 맨든다(이서구, 「엉터리 업시 만드러내는 신문기자의 미인 제조 비술− 미인 제조 비법 공개」, 『별건곤』 15, 1928.8, pp.153~154).

신문기사들이 만들어내는 미인이란 아름다움과 무관하다. 완전한 추물이라 하더라도 자살을 하거나 도덕적으로 문제가 되는 행동을 하거나 양장이나 단발을 하기만 하면 어김없이

미인으로 만들어진다. 미인은 사적인 매혹의 기호이며, 사건성의 기호로 자리매김 된다. 신문에 보도될만한 사연을 가진 젊은 여성은 모두 미인의 칭호를 받는다. 이는 모던 걸의 부도덕성이 남성 화자들의 담론에 의해 일관된 타입을 만들면서 사람들의 호기심을 유발하는 과정과 일치한다. '독살미인 김정필' 사건으로 환기되는 신문의 미인 제조 비법은 한편으로 당대의 신여성들이 부딪쳐야 했던 사람들의 호기심 어린 시선, 절대적인 관찰의 대상화 수준을 가늠케 하는 것이다.

1930년대 미의 이상에서 건강과 에로티시즘, 퇴폐는 동전의 양면과 같다. 모던 보이의 경우 퇴폐가 극단적으로 강조되면서 데카당스적 면모를 보이는 반면, 모던 걸의 에로티시즘은 극단적인 건강을 병치한다. 할리우드 대중 스타의 스타일을 모방해, 당시 신여성들 사이에서는 점점 체격과 몸매에 대한 관심이 커진다. '몸집가지기'라는 이름 아래 모던 걸, 모던 보이들은 몸매 가꾸기와 다이어트에 열중했으며, 당시 미의 이상은 건강한 날씬함을 표방한다.[33] 그리하여, 모던 걸은 무엇보다 날씬한 각선미와 밝고 경쾌한 걸음걸이에서 자신들만의 미학을 나타내 보이게 된다.

스포츠와 패션 - 조직적 신체의 미학

스포츠는 근대인의 외모를 변화시킨 장치 가운데 하나이다. 스포츠나 체조는 개화기에 서구 문물의 유입과 함께 들어온 풍속으로, 근대적인 외양 형성에 기여하고 있다. 구한말의 양반들이 처음 운동을 접하면서 "저렇게 힘든 일을 종을 시키지 왜 직접 하고 있노" 했다는 일화로 판단해 볼 때, 노동이 아니라 운동에 의한 땀 흘리기가 서구인들에게 '교양'으로 간주된다는 사실을 이해하는 것은 구한말 당시 사람들에게는 불가능했다. 그러나 근대 교육기관을 통해 스포츠가 일반화되고, 이것이 경기라는 방식으로 보는 즐거움을 준다는 인식이 확산되면서 스포츠를 수행하는 신체에 대한 인식에도 변화가 나타난다.

미용법을 통해 건강의 중요성이 강조되고 위생담론을 통해

정구복(『동아일보』,
1923.6.28).

체조의 중요성이 알려지면서 스포츠 역시 학교를 통해 적극적으로 보급된다. 대표적인 여성 스포츠로 언론의 관심을 받은 것이 테니스(정구)이다. 특히 전조선 여자정구대회는 잡지에서 대회가 열릴 때마다 관람기를 따로 쓰고 있을 정도로 각광을 받았다.

　거의 연중행사화한 동아일보사 주최의 제 오회 전조선여자정구대회는 금년도 10월1일로써 경성운동장에서 열니게되얏다 (중략) 선수들의 관용·찰색(觀容察色)부터 해보니 모다 배나무목침 가티 퉁퉁하고 튼튼히 된 법이 과연 운동가다워 뵈인다. 구쓰, 양말, 복장이 눈이 부시게하－얀데다가(一記者, 「全鮮 여자정구대회를 보고」, 『별건곤』 9, 1927.9, pp.78~79).

　한 기자에 의해 관찰된 '제5회 전조선 여자정구대회'는 날씨처럼 청신한 여인의 외양 묘사로 점철되어 있다. 구두, 양말, 복장이 눈부시게 하얗고 분까지 하얗게 바른 선수가 백색 선 위에서 백색 라켓으로 백색 네트를 향해 백색 볼을 주고받는다. 이 풍경의 '청쾌함'이란 신여성을 묘사하는 대부분의 어휘가 부정으로 일관된 것과는 대조적이다. 운동가의 튼튼한 신체에 입혀진 짧은 복장이나 하얀 분은 비판받지 않는다. 그것은 근대적 신체의 건강을 상징하는 것이기에 오히려 매혹적인 것이다. 이처럼 스포츠는 패션과 연결되어 근대적 신체의 상을 재현하는 하나의 요소로 작용하고 있다.

서구를 통해 전래된 근대 스포츠는 근대 문명 자체의 가치와 의미를 가진 것으로 받아들여졌다. 그것은 서구 근대 문명이 가진 속도와 쾌감을 대표하는 것이었으며 그것을 향유할 수 있는 신체야말로 근대 문명이 지향해야할 신체의 이상(理想)으로 간주되었다.

> 청량리 '스케트'장이 얼었다는 소문이 들린 날은 참말로 나뿐 아니라 만도(滿都)의 스케트군들의 가슴은 불시로 울렁거렸을 게다. (중략) 첫째 우리가 '스케트'를 좋아하는 것은 속력의 쾌감을 향락하려는 것이 목적이다. 속력은 실로 현대 그것의 상징이다. 그래서 '스케트'는 사람이 기게의 힘을 빌렸다는 의식이 없이 속력의 극한을 그 몸으로써 경험할 수 있는 최고의 '스포츠'다(김기림, 「'스케트'철학」, 김기림 전집 5, 심설당, 1988, p.210).

스케이트를 타면서 문명의 속도를 향유하는 인간은 이전과 다른 가치를 지향하며, 다른 쾌감과 다른 생활을 꿈꾸는 인간의 등장으로 설명할 수 있다. 스포츠의 전래는 육체를 움직이는 쾌감과 함께 발달된 하체, 균형 잡힌 몸매를 가진 새로운 신체형을 도입했으며, 그 속에서 절제와 위생과 신체적 건강에 관심을 두는 문명인의 일상을 조직해 나갔다.

하지만 스포츠와 연결된 모던 걸의 외양에 대한 담론들이 언제나 긍정적인 것만은 아니었다. 여성의 건강은 건강한 자손의 출산과 연결되어 있었기 때문에 그에 미달하거나 넘치는 건강은 오히려 비난을 받게 된다.

우리 영숙군은 포스톰, 커피, 홍차 레몽차, 코코아, 등등 그 차에 대한 취미도 만아서 왼만큼 아는 사나히면 『락랑파라』명치제과로 껄고 다니며, 유성긔 소리에 찻잔 쥔 손꾸락으로 장단을 마처보는 서울의 차당(茶黨)의 녀왕이다. 또 그는 스포-쓰에 대해서만 상식이 업스면 안된다고 경성 그라운드에 무슨 운동이고 잇스면 공자표를 어떠케든지 어더가지고 간다. 그는 '럭비'도 조하하지만 '뻑싱'을 조하하엿다 (안석영, 「아스팔트의 딸-경기구를 탄 粉魂群 2」, 『조선일보』, 1934.1.3).

마르크스의 철학이나 차(茶)에 대한 지식, 유성기 소리에 맞추는 장단처럼 취미로 간주되는 스포츠는 다분히 향락적인 색채를 띤다. 스스로를 건강하게 가꾸는 형태가 아니라 구경거리로서의 스포츠란 육감성을 발휘하는 전람회에 불과하다. 스포츠가 육감성의 의미를 갖게 될 때, 스포츠로 단련된 몸매를 가진 존재들은 여지없이 부정적인 대상으로 변한다. 여성의 건강이란 자식을 잘 낳고 양육하기 위한 목적, 우생학적인 목적에서만 추구된다. 따라서 이러한 목적에 배치(排置)되거나 미달되는 건강에 대해서는 사정없는 조롱이 뒤따랐다. 이는 신여성의 건강미를 '에로, 그로'로 바라보는 시선 속에 잘 나타난다.

> 정희는 여자 중에는 몸집이 큰 사람이다. 살빛은 좀 가무잡잡하나 피부가 좋고, 특별히 체격이 좋아서 이를테면, 남자의 정을 끄는 육감적인 여자였다. 공 산이가 아내까지 있는 몸으로 정희에게 반한 것도 정희의 이 육체 때문이었다. (중략) 정희는 아직 어느 집 안방에서든지 볼 수 있는 여학생이었다. 좀 활발한 것이 특색이었을까. 그는 고등 보통학교에서 테니스 선수였던 까닭에(이광수, 「혁명가의 아내」, 이광수 전집 2, 삼중당, 1963, pp.328~329).

이광수의 「혁명가의 아내」에서 주인공 정희는 고등학교 테니스 선수 출신으로 남자보다도 키나 몸집이 큰 육감적인 여인으로 묘사된다. 여성의 건강미가 육감미로 이어지고 있음을 확인할 수 있다. 그러나 정희의 건강은 오히려 그녀의 방종의 이유가 되기라도 하는 것처럼 부정적인 시선으로 그려진다. 그녀의 건강은 자식을 낳는 건강과 무관한 것이기에 부정적인 가치를 지닐 수밖에 없었던 것이다. 자식을 낳지 못하는 건강이란 타락과 방종의 이유로밖에는 설명되지 않았던 것이다.

진고개를 헤매는 모던풍 산책

1920년대 이래 잡지에서 빠지지 않는 것 가운데 하나가 '대경성 암행기'류의 기사이다. 경성의 구석구석을 밤낮 가리지 않고 돌아다니며 그곳에서 포착한 여러 인물들의 표정과 삶을 기록한 것이다. 때로는 만주 장사로 변장하기도 하고, 때

1930년 여름 5
(『조선일보』, 1930. 7. 19).

로는 은근짜들의 골목을 헤매기도 하면서 기자들은 고현학이라는 이름으로 경성의 거리를, 특히 모던 걸, 모던 보이의 산책로라 할 수 있는 종로와 진고개를 방황한다. 고현학 취미는 1930년대 박태원의 소설 기법으로 잘 알려져 있다. 고현학이란 도로가 잘 정비된 근대 도시를 산책하듯이 풍속을 기록한 것으로, 자본주의 사회의 빠른 흐름과 그 속에서 갈피를 잡지 못하는 인간들의 온갖 풍경을 그려내며 근대 도시 문명 속에 소외된 내면을 포착한다. 그런데 그 주된 고현학의 풍경이 되는 곳이 백화점이며, 특히 진고개의 일본 백화점이다.

『정자옥(丁子屋)에 드러가 봅시다』
『양복 사 입게?』
『양복 사 입는 사람 구경 좀 하게』
생전처음 이럿케 굉장한 인물들만 출입하는 집에 드러와 노아서 어릿어릿 하닛가 (중략) 화장품 어엽분 병을 집어들고『이게 머리에 바르는 약인가 얼골에 바르는 것인가』 모냥만 양복을 하엿지 영자(英字)를 모르니 볼 수는 업고 일본 말이 서투르니 무러보기도 힘들고 공연히 코 미테 가저다 향내만 맛느라고 쭝긋쭝긋하는 것도 훌륭한 광무곡이다(双 S 生, 「대경성광무곡」, 『별건곤』 18, 1929.1, pp.82~83).

경성의 여러 풍경을 관찰하던 두 기자는 진고개 조지야(정자옥) 백화점으로 향한다. 난생 처음 그곳에 발을 들여놓은 두 사람은 1층의 으리으리함에 놀라고, 조선 옷감을 모아놓은 2층으로 향한다. 그곳에서 조선 옷감은 '껄넝껄넝'해서 못쓴다는 말을 주고받는 트레머리 여학생을 보고, '껄넝껄넝'이라는 표현의 유행에 난처해한다. 그리고 그들은 웬 양복 입은 사내가 고운 화장품 병을 들고 그것이 머리에 바르는 것인지, 얼굴에 바르는 것인지 몰라 공연히 향기만 맡고 있는 모습을 보고 냉소한다. 박래품인 그 화장품의 성능을 표시하는 영어는 읽지도 못하고, 일본말을 제대로 하지 못해 백화점 점원에게 물어볼 수조차 없었던 것이다. "말을 못 통하고 시원시원히 고르지 못해도 그래도 먼 곳으로만 모여드는 알 수 없는 심리", 박래품에 대한 알 수 없는 지향성. 그것이 진고개 백화점이 조선인들에게, 모던 보이, 모던 걸들에게 가졌던 매혹의 표정이다. 그들은 할리우드와 파리의 영화에 열광하듯 진고개의 정체모를 박래품들에 황홀해하고 있었다. "진고개 2정목 3정목 입을 벌리고 정신 다 빠져서 헤엄치듯 거러가는 조선부인들 여기 와서 입을 벌리고 지나가는 녀자는 여기 물건만 멋가지 사준다면 멋번이든지 개가해 갈 것"이라고 서술자는 냉소하지만 그 지향성이란 모던 걸에게만 해당하는 것은 아니다. 세련된 문명의 향기, 식민지 조선의 현실에서 맛볼 수 없는 그 어떤 분위기가 거기에는 있었던 것이다.

　　　　룩층으로 하날을 찌를뜻이 소사잇는 삼중정(三中井)의 대상뎜 조선 사람의 손님을 끌어들이기로는 뎨일인 대백화뎜

(大百貨店)인 평뎐상뎜(平田商店) 대자본(大資本)을 가지고 조선전도 상계를 풍비하랴는 삼월왕국(三越王國)의 적은집인 삼월오복뎜을 비롯하야 좌우로 총총히 들어선 일본인의 상뎜 들어서 보면 휘황찬란하고 으리으리하며 풍성풍성한 품이 실로 조선사람들이 몃백년을 두고 맨드러 노앗다는 북촌일대에 비하야 얼마나 장한지 견주어 말할 배 못된다. (중략) 아! 이 무서운 진고개의 유혹!! 조선의 살림은 이 진고개 유혹의 희생(犧牲)이 되고야말 것인가?(정수일, 「진고개」, 『별건곤』 23, 1929.9, pp.46~47)

진고개는 일본의 대 백화점인 히로다(平田), 미쓰코시(三越), 미나카이(三中井), 조지야들이 들어서 일본식의 친절함으로 무장하고 조선의 자본을 모조리 긁어모으는 휘황찬란한 별천지로 각인된다. 진고개의 유혹이란 무시무시한 것이어서, 한번 그 매력을 맛보면 헤어날 수 없다. 비판적인 관찰자의 눈에 진고개의 휘황찬란함이란 식민지 자본의 취약성과 자본주의 문명의 가혹한 착취를 연상시키는 풍경으로 다가온다. 하지만 이 진고개에서만 사람들은 매혹과 활기를 느낀다. 그 매혹의 한 풍경이 이상의 「날개」에 각인되어 있다. 「날개」에서 주인공은 미쓰코시 옥상에서 거리를 헤엄치듯 걸어가는 사람들을 발견한다. 「날개」의 핵심적인 사유, 즉 무기력한 자아를 벗어나 "다시 한번 날아보자꾸나"라는 외침은 미쓰코시에서 내려와 진고개를 걸으면서 그 거리를 바쁘게 걸어가는 정오의 사람들을 발견하면서 행해진다. 유행의 첨단을 걷는, 말폐적이지만 동경에 가득찬 몸부림. 그것이 이상이 발견한 새로운 날개의 원형인지도 모른다.

이상이 발견한, 진고개를 헤엄치듯 입 벌리고 지나가는 모던 걸, 모던 보이를 흔히 '혼부라당'이라고 부른다.

> 소위 '혼부라당'의 음모가 1930년의 녀름에는 더욱 노골화하야 진고개 찻집, 빙수집, 우동집, 카페-의 파루수룸한 전등 아래에 백의(白衣)껄이 사나희와 사나희의 날개에 가리워 전긔류성기 소리에 마추어 눈썹을 치올렷다 (중략) 이집에서 이 아이스컵파- 저집에서 아이스컵파- 그래도 모자라서 일인들 뼌으로 혀끝을 빳빳치펴서 '아다시! 아이스고히가, 다이스키, 다이스키요!'(안석영, 「1930년 녀름」, 『조선일보』, 1930.7.16)

'혼부라당'이라는 용어는 일본의 긴자를 걷는 모던 남녀를 '긴부라'라고 부른 데서 출발한다. 혼마찌, 즉 진고개를 할 일 없이 걸으며 마네킹걸이 보여주는 각종 이벤트를 마네킹처럼

어는 게 마네킹인지?
(『조선일보』, 1929.9.8)

바라보는 혼부라당의 퇴색한 모습에 당시의 지식인들은 시종일관 냉소로 응대한다. 외화에 대한 절대시, 내면의 근대성과 개성을 몰각한 취향의 서구성 혹은 왜색성에 눈살을 찌푸리고, "아다시! 아이스고히가, 다이스키요!(나, 아이스커피가 제일 좋아, 제일 좋아요!)"를 외치는 혼부라당 '백의껄'(모던 걸)들의 모습을 냉소하는 것은 쉬운 일이다. 하지만 그럼에도 불구하고 진고개에 대한 매혹은 쉽게 사라지지 않는다.

> 비오는 백화점에 숙(寂)! 사람이 없고 백화(百貨)가 내 그림자나 조용히 보존하고 있는 거리에 여인은 희붉은 종아리를 걷어추켜 연분홍 스커트 밑에 야트막히 묵직히 흔들리는 곡선! (중략) 윈도우 안의 석고-무사는 수염이 없고 비너스는 분 안 바른 살갗이 찾을 길 없고 그리고 그 장황한 자세에 단념이 없는 윈도우 안의 석고다(이상, 「산책의 가을」, 김윤식 편, 이상문학전집 3, 문학사상사, 1993, pp.29~31).

마네킹 걸처럼 마네킹화한 진고개의 남녀들은 백화점에 진열된 인조인간이나 자연적인 시간성을 상실한 인간처럼 서술자에게 각인된다. 하지만 윈도우 안의 석고, 즉 마네킹의 분 바른 살갗에 그는 매혹을 느낀다. "연분홍 스커트 밑에 야트막히 묵직히 흔들리는 곡선"의 매혹, 소오다의 맛처럼 차갑고 깨끗한 느낌을 주는 "새 물건 포장 밴드"와 같은 호기심. 인조모형보다 더 인조 모형 같은 인간들이지만 그것은 깨끗하

고 정하고 근대적이며 서구적이기에 호기심과 매혹의 대상이
된다.

　　내가 생각하던 '마루노우찌삘딍'-속칭 마루비루-는 적어
　도 이 '마루비루'의 네 갑절은 되는 굉장한 것이었다. 뉴욕
　'브로-드웨이'에 가서도 나는 똑같은 환멸을 당할는지-어쨌
　든 이 도시는 몹시 '깨솔링'내가 나는구나! 가 동경의 첫 인
　상이다(이상, 「東京」, 김윤식 편, 이상문학 전집 3, 문학사상
　사, 1993, p.95).

　진고개를 걷는 일은 이국(異國), 즉 식민 본국의 수도인 동
경(東京)에 대한 동경(憧憬)으로부터 기원한다. 사람들은 진고
개에서 깨끗한 근대의 이미지를 보고, 깔끔하고 청신한 마네
킹의 자태에 매료된다. 지식인들은 진정한 근대를 찾아서 기
대를 품고 동경으로 건너가기도 한다. 이상 역시 다른 지식인
들과 마찬가지로 동경에서 진정한 근대의 면모를 보고자 했
다. 그렇지만 그가 동경에서 발견한 것은 냉혹한 현실이었으
며, 진고개의 환상이 허황된 것이었음을 비로소 깨닫는다. "한
개 허영 독본"처럼 자리한 긴자와 "건조무미한 프로므나드"
(산책)가 부딪치면서 그는 길을 잃었다. 진고개는 식민지 환상
의 최대치에 자리한다. 그 최대치를 식민 본국은, 아니 뉴욕은
만족시키지 못한다. 단지 그것은 "깨솔링 내가 나는" 한개 도
시에 불과했기 때문이다. 근대의 본질은 보이지 않는다. 그가

꿈꿀 수 있는 것은 진고개에서 그 최대치에 달하는 것이다.

1930년대 대부분의 경성인들은 초가집에서 가난하게 살았다. 일본인과 서양인의 문화주택이 하나둘 들어서면서, 외국 유학파인 부르주아들이 그들을 모방해 황금정 일대에 문화주택을 짓기 시작했다. 남산에는 드라이브 코스가 만들어지고, 자동차들은 쉴 새 없이 빵빵거리며, 방탕한 모던 보이, 모던 걸들을 실어날랐다. 문화주택 안에서 '스위트 홈'을 이룬 모던 남녀는 피아노를 치거나, 째즈와 룸바의 리듬에 몸을 움직이며, 홍차와 커피, 위스키의 미감에 **빠져들었다.**

가난한 현실과 대조적으로 사치스러운 개인. 이는 경성의 거리를 활보하던 식민지 패션인에 대한 단적인 표현이었다. 근대가 가문이나 신분과 동떨어진 독립적인 개인의 존재를 부각시키고, 자유로운 개성을 전면에 내세우자, 비로소 근대적인 개념의 패션이 시작되었다. 그러나 그 매혹은 현실과 동떨어진 이국적인 환상에 불과하므로 부정되었다. 자유로운 개성의 발현이라는 긍정적인 면모와 경박한 이국 취향에 들뜬 허영이라는 부정적인 면모 사이에서 경성의 패션인들은 부유한다. 경박성과 사치, 허영의 기호를 뒤집어썼지만 그들은 당당하게 진고개와 종로, 한강의 거리를 활보했다. 그들은 외양이 내면의 개성을 대변하는 최초의 세대로서, 그들만이 개성을 발휘하는 자유인이었기에 그들만이 절대적으로 매혹적일 수 있었던 것이다.

주

1) 질 리포베츠키, 이득재 옮김, 『패션의 제국』, 문예출판사, 1999, pp.37~48.
2) Y 生, 「평론-유행에 대하야」, 『신여성』, 1926.10, p.11.
3) 이서구, 「신여성과 화류계!」, 『별건곤』 36, 1931.1, p.133.
4) 카이저, 김순심 외 옮김, 「복식 사회 심리학」, 경춘사, 1989, p.83.
5) 김진식, 「한국 양복 100년사」, 『미리내』, 1990, pp.53~54.
6) 『조선일보』, 1929.2.9.
7) 유수경, 「한국여성양장변천사」, 일지사, 1990, p.131.
8) 『제국신문』, 1906.5.30.
9) 권진규, 「넷적 안악네의 옷은 어떠하엿나-조선 여복의 사적 고찰」, 『신여성』, 1924.11.
10) 유팔극, 「여자 의복 개량 문제에 대하야-반듯이 고칠 것 여러 가지」, 『신여성』, 1923.11, p.11.
11) 정우택, 「평생에 처음 당하던 양장 괴미인의 괴사건-신문기자 활동진담」, 『별건곤』 22, 1929.8.
12) 「만화로 본 경성 2」, 『조선일보』, 1925.11.5.
13) 안석영, 「모껄 제3기」, 『조선일보』, 1932.1.12.
14) 斷髮嶺人, 「조선 사람과 상투-상투의 수난 실화」, 『조광』 2, 1935.12.
15) 「유행의 今昔」, 『신동아』, 1932.11.
16) 허정숙, 「나의 단발과 단발전후」, 『신여성』, 1925.10, p.15.
17) 박돌이, 「장발로 단발-단발로 다시 장발-신여자 문제 대야화회」, 『신여성』, 1924.12, p.46.
18) 전완길 외, 「한국 생활문화 100년」, 『장원』, 1995, p.94.
19) 『조선일보』, 1938.5.3.
20) 최남, 「상회로서 본 여학생-여학생의 각인각관」, 『신여성』, 1926.4.
21) 이동원, 「배운 여자는 일개 사치품」, 『별건곤』 16, 1928.9.
22) 『조선일보』, 1929.9.8.
23) 허영숙, 「녀름과 여자의 의복」, 『별건곤』 30, 1930.7.

24) 관상자, 「전조선괴풍속전람회」, 『별건곤』 11, 1928.1, p.32.
25) 춘향전, 완판 29장본, 설성경 편, 춘향예술사 자료 총서 1, 국학자료원, 1998, p.85.
26) 공봉재, 「내가 실수한 이약이」, 『별건곤』 26, 1930.2.
27) 안석영, 「狐鬼의 출몰-만추풍경 5」, 『조선일보』, 1933.10.25.
28) 김석송, 「목도리만 거러 단겨-여학생의 목도리 시비」, 『신여성』, 1924.4, p.138.
29) 염상섭, 「혹은 맵실는지요-여학생 신유행 혁대 시비」, 『신여성』, 1924.11, p.149.
30) 「모발을 미려케 하는 순정식물성유-메누마 포마-드 광고」, 1931.
31) 배성룡, 「젊은 여성의 육체미·실질미」, 『신여성』, 1925.2, pp.24~25.
32) 「현대 여성과 건강미」, 『별건곤』 32, 1930.9.
33) 「현대인으로 반듯이 알아야할 미용체조법」, 『신여성』, 1931.6, p.18.

모던 걸, 여우 목도리를 버려라 근대적 패션의 풍경

초판발행 2005년 1월 30일 | 2쇄발행 2005년 12월 22일
지은이 김주리
펴낸이 심만수 | 펴낸곳 (주)살림출판사
주소 413-756 경기도 파주시 교하읍 문발리 파주출판도시 522-2
출판등록 1989년 11월 1일 제9-210호
전화번호 영업·(031)955-1350　기획·(031)955-1370~2
　　　　 편집·(031)955-1362~3
팩스 (031)955-1355
e-mail salleem@chol.com
홈페이지 http://www.sallimbooks.com

ISBN 89-522-0330-5 04080
　　　 89-522-0096-9 04080 (세트)

값 3,300원